Aus Freude am Lesen

btb

Buch

Nach Aufgabe seiner bürgerlichen Existenz wollte sich der ehemalige Flugzeugbauer Brandau ganz der Bildhauerei und dem Malen widmen. Bis er entdeckte, daß eine ganz andere, außergewöhnliche Begabung in ihm steckte: Reinhart Brandau beherrscht die Kunst, mit Vögeln zu sprechen. Und so entwickelte sich die Aufzucht und Pflege einer verletzten Singdrossel für ihn zu einem ungewöhnlichen und faszinierenden Erlebnis. Mit jedem Tag seiner Fürsorge wurde das Verhältnis zwischen ihm und dem Vogelkind inniger und tiefer. Reinhart Brandau erkannte allmählich, daß nicht nur wir die Vögel, sondern auch die Vögel uns verstehen und mit uns kommunizieren können.

Sein einfühlsames *Tagebuch einer Singdrossel* bietet uns einen verblüffend anderen und neuen Zugang zur Welt der Vögel und bringt uns dem Verständnis der Geheimnisse der Natur ein wenig näher.

Autor

Reinhart Brandau, 1936 in Thüringen geboren, verbrachte seine Schulzeit in England und Deutschland und arbeitete anschließend im Flugzeugbau, bevor er sich als freier Künstler nach Worpswede zurückzog. Mitte der achtziger Jahre begann er sich intensiv mit dem Verhalten und der Sprache der Vögel zu beschäftigen. Neben der Erstellung eines kleinen *Wörterbuchs der Kohlmeisensprache* und seinen Aufzeichnungen über das Verhalten verschiedener Vogelarten hat er außergewöhnliche Filmdokumentationen gemacht.

Tagebuch einer Singdrossel

Aufgezeichnet und
illustriert von
Reinhart Brandau

btb

Umwelthinweis:
Alle bedruckten Materialien dieses Taschenbuches
sind chlorfrei und umweltschonend.

btb Taschenbücher erscheinen im Goldmann Verlag,
einem Unternehmen der Verlagsgruppe Bertelsmann.

1. Auflage
Genehmigte Taschenbuchausgabe Oktober 1996
Copyright © 1993 by C. Bertelsmann Verlag GmbH, München
Umschlaggestaltung: Design Team München
Satz: Uhl + Massopust, Aalen
T. T. · Herstellung: Ludwig Weidenbeck
Made in Germany
ISBN 3-442-72050-8

*Dieses Buch
widme ich allen Menschen,
die Tieren mit Verständnis
und Liebe begegnen.*

VORWORT

»Du wirst dich noch wundern, wie gut ihr euch
verstehen werdet!« habe ich damals zu Andrea gesagt, als sie die kleine Nebelkrähe in den Händen
hielt und gar nicht so recht wußte, was sie mit dem
ungelenken federlosen Vogelkind, das sie eben halb
verhungert auf einem Grashügel gefunden hatte,
anfangen sollte.

Aus unzähligen Begegnungen mit Vögeln, die ich
in Freiheit – das heißt, ohne sie in Käfige zu sperren –
aufgezogen hatte, wußte ich, wie sehr einem diese
»lieben Tierchen« ans Herz wachsen und wie sehr
man sich an ihnen erfreuen kann. Bis dahin war mir
allerdings nicht klar, daß es keine »lieben Tierchen«,
sondern sehr geheimnisvolle Lebewesen mit einem
eigenen, stark ausgeprägten Charakter sind.

Die Lehren der Verhaltensforschung waren dafür
verantwortlich, daß ich Vögel als durch Instinkt,
Prägung und Reaktion bestimmte, mit Lebendigkeit
ausgestattete Automaten betrachtet hatte. Mir war
nicht bewußt, daß ich selbst durch die Verinnerli-
chung dieser Lehrmeinungen zu einem »Meinungs-
automaten« erzogen worden war, der alles, was nicht

in sein Denkschema paßte, einfach nicht wahrnahm. So mußten dann die Versuche vieler Vögel, zu mir eine mehr als nur oberflächliche Beziehung aufzubauen, an meinen Vorurteilen scheitern.

Andrea und ich lebten über zwei Jahre mit Mecki, der Nebelkrähe, zusammen. Dem bemerkenswerten Rabenvogel ist es in dieser Zeit gelungen, meine Vorstellungen von dem, was Vögel sind, so gründlich zu erschüttern und zu verändern, daß ich inzwischen einen Zugang zu dem Wesen der Vögel gefunden zu haben glaubte.

Die nächste Überraschung begegnete mir dann in Gestalt einer jungen Singdrossel. Ihre Aufzucht zeigte mir, daß ich, noch keineswegs von meinen Vorurteilen geheilt, auch diesen Vogel in seinen seelischen Fähigkeiten ganz falsch eingeschätzt hatte.

Über Mecki hatte ich damals schon zwei Bände einer mehrteiligen Bücherfolge geschrieben, während ich anfangs erst gar nicht auf die Idee kam, meine Erlebnisse mit der Singdrossel aufzuzeichnen. Als ich dann merkte, was für ein faszinierendes Geschöpf die vermeintlich unscheinbare kleine Singdrossel wirklich war, habe ich die ersten Tage unseres Zusammenlebens aus der Erinnerung nachgetragen, um ihr Tagebuch dann fortlaufend parallel zum Geschehen mitzuschreiben. So entstand dieses Dokument einer ungewöhnlichen Beziehung zwischen Vogel und Mensch.

8. JUNI

Ein alter Wagen kriecht die Auffahrt hoch und hält vor dem Haus am Weyerberg, das verschlafen zwischen alten Bäumen in der Abendsonne ruht. Wer uns heute wohl noch besuchen will? Jan Marc und Mona kommen eilig auf mich zu.

»Bitte nicht schimpfen, wir sind Städter, wir wohnen in Bremen. Du bist unsere einzige Chance!«

Verlegen hält Jan Marc einen Karton vor mich hin, und ich blicke in zwei dunkle Augen, die mir ängstlich entgegenschauen. Über dem linken Auge sickert es rot zwischen den fusseligen Federchen hervor.

»Nicht böse sein, aber du bist seine einzige Chance, wir müssen ihn töten, wenn du ihn nicht haben willst!«

Mir tut der kleine Vogel leid, ich weiß, daß er in der Stadt nicht überleben würde: »Laßt uns erst mal reingehen, dann überlegen wir in Ruhe, was wir mit ihm machen können!«

Auf dem Weg ins Haus versuche ich meine Gedanken zu ordnen. Ich muß an die unbezahlten Rechnungen denken und an die viele Arbeit, die auf mich wartet, und nun soll ich die wenige Zeit, die mir bleibt, um eine Katastrophe zu verhindern, auch noch an dieses kleine Geschöpf verschwenden? Auf gar keinen Fall darf ich ihn behalten, wenn ich nicht in Teufels Küche kommen will!

Als wir in die Wohnung kommen und Andrea das hilflose Wesen sieht, blickt sie mich ratlos an. Sie weiß, wieviel Mühe und Sorge es macht, ein Vogeljunges zu versorgen: Gegen fünf Uhr in der Frühe fängt der große Hunger an; neunzigmal füttern, bis die Sonne untergeht, und Würmer suchen, Fliegen und Spinnen fangen und immer aufpassen, daß ihm nichts geschieht! Tag für Tag, Woche für Woche!

»Nein, Jan Marc, wir können ihn wirklich nicht behalten! Aber zu trinken will ich ihm noch geben.«

Behutsam nehme ich das kleine Federbündel mit den großen ängstlichen Augen in meine Hand und sage mit ruhiger, leiser Stimme zu ihm: »Du bist ja wirklich ein armes Vogelkind.«

Da geschieht etwas ganz Erstaunliches: Die Angst in seinen Augen schwindet, und es sieht erwartungsvoll zu mir auf. Als ich dann eine an der Spitze abgerundete Briefmarkenpinzette in ein Glas Wasser tauche, folgt der kleine Vogel meiner Hand aufmerksam mit den Augen, sperrt der nahenden Pinzette entgegen und trinkt das erfrischende Naß mit sichtlichem Behagen. Nachdem ich ihm noch einige Mehlwürmer gegeben habe, kuschelt er sich in meine Hand, legt sein blutiges Köpfchen etwas schief und sieht mich aus seinen tiefdunklen Augen an.

Jan Marc, Mona und Andrea haben schweigend zugeschaut und wohl verstanden, was geschehen ist. Über das Schicksal des kleinen Vogels brauchen wir nun keine Worte mehr zu verlieren. Was das eigentlich für ein Vogel sei, möchte Jan Marc noch gerne von mir wissen. Ahnungsvoll lächelnd sage ich: »Er sieht mir sehr nach einer Singdrossel aus, und ich werde das Gefühl nicht los, daß es ein kleines Drosselmädchen ist.«

Inzwischen hat Andrea die Korbtasche geholt – die eigentlich Mecki, der Nebelkrähe, gehört, weil er als erster darin wohnte –, polstert ein kleines Körbchen mit Küchenpapier aus und stellt beides vor mich und die kleine Drossel auf den Tisch. Währenddessen ist das warme Federbällchen in meiner Hand friedlich eingeschlafen.

»Schlaf gut, meine Kleine!«

Heute morgen mischt sich leises Piepsen in meine Träume. Da dämmert es mir: Unser Findelkind ist aufgewacht. Es ist erst fünf Uhr, und ich bin noch so müde! Aus dem Körbchen blicken mir zwei wache Augen entgegen.

Als ich zu ihm sage: »Was bist du für ein schönes Kind!«, öffnet sich ein großer Schnabel: »Tschüb, tschüb!« – »Hunger, Hunger!«

Ich stecke ihm einige zerdrückte Mehlwürmer hinein. Als Antwort kommt ein leiser, singender Ton. Das heißt wohl »Danke schön!« Bald darauf schläft sie wieder. Wo ich schon einmal wach bin, kann ich auch gleich das Frühstück machen. Dabei muß ich an unseren Raben Mecki – wir haben uns angewöhnt, ihn Rabe zu nennen, obwohl er eigentlich eine Nebelkrähe ist – denken. Acht Monate lang hat er uns nicht besucht! Ab und zu hat er uns noch gegrüßt, wenn er hoch über uns hinwegflog, oder von seinen Abenteuern erzählt, wenn er auf der großen Tanne saß, aber er ist nie mehr bei uns gewesen.

Andrea und ich haben oft große Sehnsucht nach unserem »Rabenkind« gehabt, aber wir waren schon glücklich, seine Stimme zu hören, ihn vorüberfliegen zu sehen, zu wissen, daß es ihn noch gibt und er offensichtlich gesund ist. In letzter Zeit hat er mir von der großen Tanne herunter traurige Geschichten erzählt. Ich habe ihm gesagt, daß wir Sehnsucht nach ihm hätten und darauf warteten, daß er uns einmal wieder besuchen käme.

Vor ein paar Tagen habe ich von Mecki geträumt, bin aufgewacht und habe in sein liebes Gesicht gesehen. Er hat mir in die Augen geschaut und gelächelt.

»Mecki, du bist wieder da!«

Mehr konnte ich nicht sagen! Dann hat er sich im Zimmer umgeblickt und Andrea angesehen. Als sie ihn bemerkte, hat sie geglaubt, daß sie bloß träume, und die Augen wieder geschlossen. Dann ist er auf das Bord geflogen, auf dem wie immer seine Frühstücksdose stand, hat sie hochgehoben, scheppernd auf den Boden geworfen und angefangen, sein darunterliegendes Frühstück aufzupicken.

»Andrea!« Ich stoße sie an: »Mecki ist da!«

Sie murmelt irgendwas und zieht sich die Decke über den Kopf. Was soll Mecki bloß von ihr denken, verdammt, es wird Zeit, daß sie zu sich kommt!

»Wach auf, es ist wahr, Mecki ist wieder da!«

Schon springt er aufs Bett und schreitet gemächlich auf sie zu. Er geht ganz nah zu ihr, schmiegt sich an ihren Hals, öffnet den Schnabel und schließt die Augen vor Wonne, während sie ihn zärtlich streichelt.

Das war ein Wiedersehen! Inzwischen ist es schon vier Tage her, aber ich glaube fest daran, daß Mecki bald wiederkommen wird. Noch ganz in Gedanken an ihn, höre ich auch schon sein vertrautes »Raaab, raaab, raaab, raaab, raaab!«. Das heißt: »Guten Morgen, ich komme euch besuchen!« Er landet schwebend auf der Tanne: »Raaab, raaab, raaab!« – »Ich komme jetzt!« Mit angelegten Flügeln fällt er in die Tiefe, breitet seine Schwingen aus, segelt aufs Fenster zu und landet mit einem Plumps im Bett.

Erst begrüßt er uns nach Rabenart mit einem verbindlichen Blick, dann sieht er erstaunt zu der kleinen Singdrossel herüber.

Er blickt uns fragend an: »Was macht die in *meinem* Korb?«

Aber seine ernsten Augen schauen freundlich: »Ist schon in Ordnung, war ja auch mal klein!«

Ich finde, daß Mecki wirklich ein lieber Rabe ist.

»Du bist ja ein toller Kerl, Mecki!«

Als ob er sagen will: »Was hast du denn gedacht?«, fliegt er zu seinem Futter, pickt einige Rosinen auf und sieht mich mit vollem Schnabel vorwurfsvoll an.

»Ach, Mecki, ich habe dein Wasser vergessen!«

Schnell hole ich seinen Teller mit frischem Wasser und halte es vor ihn hin. Er läßt die Rosinen aus seiner Schnabeltasche ins Wasser fallen und trinkt erst einmal ausgiebig. Dabei wird mir angst und bange. Wird er mich jetzt in die Nase zwicken oder in den Daumen, wo ich doch *seine* Rosinen mit dem Teller in *meinen* Händen halte?

»Nase weg von meinen Rosinen!« oder »Hände weg von meinem Teller!« würde das heißen. Doch er badet die Rosinen ganz behutsam, nimmt sie wieder in seine Schnabeltasche, sagt mit einem Blick »bis bald!« und fliegt zufrieden davon.

Als wir nun endlich auch frühstücken wollen, schreit die hungrige Drossel schon wieder. Zum Glück haben wir noch Mehlwürmer da, aber das gute Vogelkinderfutter – getrocknete Insekten mit Ameisenpuppen und Bienenhonig – muß erst noch besorgt werden. Nachdem Andrea und ich gefrühstückt haben, fahre ich mit der kleinen Drossel nach Osterholz-Scharmbeck.

Im Gartencenter bekomme ich das köstliche Vogelfutter. Als ich mit der Tüte zum Wagen komme, schreit mir die Kleine bereits hungrig entgegen. Doch das trockene Futter muß erst eingeweicht werden, ehe ich sie damit füttern kann. In der Gartenausstellung frage ich eine Verkäuferin, ob sie mir helfen kann. Sie tut mir gern den Gefallen, gibt mir Wasser in einem Becher und wünscht dem Vogel

guten Appetit. Der kleine Vogel hat wirklich einen
mächtigen Appetit und ist erst nach drei Futterbällchen satt.

Speisekarte eines Drosselkindes

ein Mehlwurm
ein kleiner Regenwurm mit etwas Erde gewürzt
eine Löffelspitze Magerquark
eine Mücke
oder Spinne
oder Fliege
und ein Bällchen Vogelkinderfutter alle 5 Minuten
1 bis 3 Tropfen Wasser als Nachtisch

Leider läßt sich der Weg ins Finanzamt heute nicht
vermeiden. Kaum sind wir in das kleine Büro gekommen, schreit das Vogelkind schon wieder nach Futter. Als ich es zum Füttern aus dem Korb nehme,

treffen zwei Welten aufeinander: das verstaubte, langweilige Papier in den vielen Ordnern und dieses winzige Vögelchen, das den Raum jetzt mit seinem kleinen Leben ganz erfüllt. Die beiden Beamtinnen sind glücklich über diesen ungewöhnlichen Besuch, es ist Liebe auf den ersten Blick. Beim Abschied wünschen sie dem Vogelkind für sein junges Leben viel Glück. Ich muß ihnen noch versprechen, später einmal zu erzählen, was aus ihm geworden ist.

Während der Fahrt zurück nach Worpswede sprechen wir viel miteinander, sie in ihrer Sprache, ich in meiner. Obwohl wir einander nicht verstehen, reden wir die ganze lange Autofahrt. Oder verstehen wir uns vielleicht doch? Wer weiß!

Nun müssen wir auch noch zu Schausberger, um einzukaufen. Die vielen Menschenstimmen ängstigen sie, und ich rede die ganze Zeit beruhigend auf sie ein, während ich mich beeile, das Nötige in den Einkaufswagen zu packen. Eine Frau, die ihren vollgepackten Wagen vor sich herschiebt, blickt mir verständnislos nach und tuschelt aufgeregt mit ihrer Nachbarin. Wortfetzen wie: »... redet mit seinem Korb ... wunderlich ...« kann ich noch verstehen. Andere Leute sehen mich verstohlen von der Seite an. Es kommt ja auch nicht häufig vor, daß einer ununterbrochen mit seiner Korbtasche redet.

An der Kasse stehen schon vier Kunden mit Einkaufswagen. Während ich mich anstelle, rede ich der Kleinen wieder gut zu, doch keine Angst zu haben.

Die Frau vor mir hört das leise Echo aus der Korbtasche und wird neugierig; als sie erfährt, daß es ein
Vogelkind ist, das gerne nach Hause möchte, läßt sie
uns vor, und auch die anderen Kunden folgen ihrem
Beispiel. Die freundliche Kassiererin tippt besonders
schnell, und mit einem ehrlichen »Danke schön!«
bringe ich die Kleine wieder ins Auto.

Zu Hause setze ich mich in den Schatten der alten
Eibe und nehme den kleinen Vogel auf den Schoß.
Wir sehen uns an, dösen ein wenig und sprechen viel
miteinander. Ich erzähle ihr alles, was mir gerade so
durch den Kopf geht. Dabei lerne ich meine Gedanken erst richtig kennen, während ich sie ausspreche
und nicht wie sonst nur im Kopf behalte. Das ist eine
ganz neue Erfahrung.

Wenn ich nichts mehr sage, fordert sie mich auf:
»Erzähl mir doch noch was!«

Natürlich antworte ich ihr dann sofort. So kommt
es, daß wir den ganzen Tag miteinander reden, bis
ich sie in ihrem Körbchen zu Bett bringe.

»Schlaf gut, mein kleines Drosselkind!«

Heute werde ich erst um fünf Uhr dreißig wach und sehe gleich nach dem kleinen Vogelmädchen. Sie liegt, noch ganz verschlafen, in ihrem Bettchen aus Küchentüchern. Trotzdem schluckt sie drei Futterbällchen und macht einen gesunden Klecks. Er erinnert an ein Spiegelei, rundherum weiß mit einem etwas festeren dunklen Inselchen am Rand. Vorsichtig nehme ich das kleine warme Leben in meine Hand, um das vollgekleckste Bettzeug gegen sauberes auszutauschen, und lege sie wieder hin. Dann lege auch ich mich wieder zu Bett, um noch etwas weiterzuschlafen.

Um sechs Uhr weckt mich ein »Raaab, raaab, raaab«: Mecki hockt auf der großen Tanne und singt mir merkwürdige Lieder vor. Jetzt schreit auch die Kleine schon wieder nach Futter, und so ist es mit der Nachtruhe endgültig vorbei.

Nach dem Frühstück fährt Andrea in die Schule. Ich setze mich mit der Kleinen unter die alte Eibe und erzähle ihr von meinen Sorgen. Ich weiß nicht, wie es weitergehen soll. Drei Deutsche Mark sind mein ganzer Reichtum, das reicht gerade noch einmal für Quark mit Pellkartoffeln, und dann...? Wo soll das nötige Geld herkommen, wenn ich auf absehbare Zeit nicht arbeiten und mich um nichts anderes als die kleine Singdrossel kümmern kann? Wenn ich nur auch von Würmern, Schnecken und Insekten zu leben vermöchte, kein Dach über dem Kopf bräuchte und auf Bäumen schlafen könnte, wie es der kleine Vogel einmal tun wird, wenn er erst größer ist!

Während ich so rede, sieht er zu mir auf. Sein kleines »Tschüb, tschüb« hört sich so tröstend an.

»Ja, du hältst sicher zu mir, und vielleicht bringst du mir das Glück zurück, das mich gerade verlassen hat!«

»Tschüb, tschüb, rrring, tschüb, rrring...«

Durchs offene Fenster tönt das häßliche Klingeln das Telefons zu uns in den Garten heraus. Mehr um das störende Geklingel abzustellen, als um mit jemandem zu sprechen, gehe ich ins Haus und nehme den Hörer ab. In der einen Hand den Hörer, auf der anderen die Kleine, höre ich mich sagen: »Ja, heute nachmittag... Sie finden mich im Garten unter der alten Eibe... einverstanden... bis dann.«

Die Kleine sieht mich fragend an: »Mit wem hast du denn da gesprochen?«

»Du wirst es nicht glauben, eben habe ich Mecki und Andrea verkauft! Es ist zwar nur ein Bild, aber ich werde es nie wieder malen können. Bilder können auch eine Art Seele haben, die es nur einmal gibt.«

»Tschüb, tschüb, tschüb, tschüb!«

»Meine Kleine, du hast ja so recht! Was macht es schon, sich von einem geliebten Bild zu trennen, wenn das ein neues Leben sichert! Eben, als ich so mutlos wurde, hatte ich nur dich, und du konntest mir auch nicht helfen, außer daß ich dir erzählen

konnte, was mich bedrückt. Nun hat alle Not ein
Ende, und ich habe viel Zeit für dich.«
»Tschüb, tschüüüb!«

11. JUNI

Heute morgen muß sie besonders großen Hunger
haben. Als ich das Tuch hochnehme, kommt sie
mir gleich entgegen und steht ganz wackelig auf
dem Rand der Korbtasche. Nach dem Füttern setze
ich sie in ihr Körbchen zurück, aber sie springt gleich
wieder mit einem entschlossenen Satz auf den
Korbrand, sieht und spricht mich ganz fröhlich an,
putzt und ordnet ihr Gefieder. Als sie ihre umständ-
liche Toilette beendet hat, reckt und streckt sie sich,
um dann kräftig mit den kleinen Flügeln zu
schlagen.
»Du bist ja schon ein ganz großes Vögelchen!« sage
ich erstaunt zu ihr.
»Piep, piep, pjüt!« – »Was hast du denn geglaubt?«
Heute macht sie nicht nur einen zufriedenen und
glücklichen Eindruck wie sonst, sondern sie ist auch
ausgesprochen fröhlich.
»Wenn du so schnell weiterwächst, kannst du ja
bald fliegen, meine Kleine!«
Bei dem Gedanken wird mir angst und bange.
Wenn sie dann einfach losfliegt, irgendwohin ... Ich
kann sie dann auch nicht mehr ins Dorf mitneh-

men – und sie alleine zu Hause lassen? Vielleicht ist
jetzt die letzte Gelegenheit, noch einmal mit ihr ins
Dorf zu gehen, und ich frage sie: »Wollen wir noch
auf einen Kaffee in die Lüttje Schüün?«

Sie sieht mich an: »Tschüb, tschüb!« – »Wenn du
mich mitnimmst!«

In der Lüttje Schüün setzt sich Alfred zu uns an den
Tisch. Als er den kleinen Vogel sieht, sagt er gleich,
indem er auf die Mecki-Bücher anspielt: »Das gibt ja
noch ein neues Buch!«

Diesen Gedanken weise ich weit von mir. Über Mecki läßt sich viel erzählen, aber über diese harmlose kleine Drossel? Ich ahne ja nicht, was wir noch alles miteinander erleben werden!

Inzwischen ist es spät am Abend. Die kleine Drossel ist eingeschlafen. Ich liege noch wach und mache mir so meine Gedanken: »Du bist doch nicht normal, redest mit einem Vogel und glaubst, ihr versteht euch einfach so! Mach dich bloß nicht lächerlich!« Mein logischer Verstand rebelliert gegen ein gefühlsmäßiges Wissen, und ich weiß nicht so recht, was ich glauben soll.

»Wahrscheinlich ist doch alles nur Einbildung!« Ich merke, daß mir mein Verstand etwas nehmen will, daß er ein wunderbares Geheimnis zerstören will. Unerbittlich und schwer lastet meine Logik mit all den selbstgefälligen Vorurteilen auf dem Erlebten, das sich, aufs äußerste bedroht, aus meinem Bewußtsein zu lösen beginnt. Ich möchte mich nicht lächerlich machen, nicht vor den Mitmenschen und nicht vor mir, und bin versucht, das Ganze als Spinnerei abzutun: »Ein Vogel kann eben nicht sprechen, also kann weder er mich, noch kann ich ihn verstehen, Punktum, basta, aus, Schluß, Ende!«

»Nun ist ja alles klar«, denke ich gerade, als eine leise Stimme sagt: »Pjüt!« Die Kleine hat wohl im Traum gesprochen, sie hat irgend etwas gesagt, das ich nicht verstehen will, weil ich eben erst beschlossen habe, daß es da nichts zu verstehen gibt. Wenn nur diese verflixten Gefühle nicht wären, hätte ich meine Ruhe! Aber diese dummen Gefühle haben doch wieder zugehört, und der Kampf Einsicht gegen Logik und Vorurteile geht weiter. Ich bekomme eine Gänsehaut, komme mir vor wie ein Dieb, der sich mit unrechter Beute davonschleichen will, der dabei ist, tieferes Wissen einem bequemen Denken zu opfern. Aber ich kann mir selbst nicht entfliehen, werde traurig und fühle mich wie ein Verräter.

Schließlich werde ich wütend. Erst auf mich selbst, dann auf meine Schule, die Lehrer, den Biologieunterricht, meine ganze hohle Erziehung und nicht zuletzt auf die neunmalklugen Wissenschaftler, die mich mit ihrem »Wissen« so vollgestopft haben, daß mir jede tiefere Einsicht verschlossen bleibt. »Nein und nochmals nein!« Zu lange habe ich den vorgekauten Wissensbrei mumifizierter Geister anstandslos geschluckt! Jetzt will ich die festgefügten Mauern des angeblich allgemeingültigen Wissens endlich einreißen, mich aus dem Gefängnis der Vorurteile befreien und diese eine Chance, über das Fühlen, Denken und Sprechen eines ganz fremden Wesens wirklich etwas zu erfahren, nicht verschenken.

Ja, fremd müßte mir dieser kleine Vogel eigentlich sein, aber ich erlebe ganz im Gegenteil eine immer größer werdende Vertrautheit, die mir vielleicht noch eine Tür in unbekannte Welten öffnen wird. Dieses kleine verträumte »Püt«, was mag sie wohl damit gemeint haben? Es wird mir niemand übersetzen können! Ihr leises »Pjüt« war so beruhigend! Mir ist, als habe sie gesagt: »Laß doch das dumme Grübeln sein! Ich habe Vertrauen zu uns beiden!«

12. JUNI

Als ich heute morgen noch ganz verschlafen zu meinem kleinen Vogel gehe, kommt er mir quicklebendig aus seinem Bettchen in der Korbtasche entgegen, macht einen Satz auf den Tisch, fliegt noch einen ganzen Meter weit und landet in meinem Bett. Das hatte ich nun wirklich nicht erwartet!

Halb erschrocken, halb bewundernd sage ich zu der kleinen Drossel: »Was ist denn das? Du kannst ja schon richtig fliegen!«

Als Antwort kommt sie mir fröhlich entgegengeflogen, landet auf dem Tisch und sagt: »Tschüb, tschüb, tschüb!«

Unmißverständlich fordert sie hiermit ihr Frühstück. Also bücke ich mich nieder zu ihrem Korb und nehme das Schälchen mit dem Brei in die Hand. Sie kommt auch gleich auf den Boden geflogen und bleibt erwartungsvoll vor mir stehen. Den ersten Futterkloß schluckt sie mit sichtlichem Appetit. Als ich ihr noch eine Pinzette voll in den Schnabel stecken will, kommt Mecki ganz unerwartet hereingeflogen. Der Schreck fährt mir in die Glieder.

28

Meckis Schnabel ist eine so furchtbare Waffe!
Schnell wie der Blitz ist er über ihr, schnappt zu und
zerdrückt das kleine Leben zwischen den scharfen
Schneiden seines kräftigen Schnabels – wenn er das
will.

Ich bin in meiner Bewegung erstarrt. Mecki kommt auf den Tisch geflogen. Jetzt steht er über uns, blickt auf uns herab und sieht mir in die Augen. Den Bruchteil einer Sekunde habe ich schreckliche Angst. Dann macht der große Vogel einen behenden Satz, landet vorsichtig direkt neben der Kleinen, nimmt die Haltung eines Vogelkindes an, hebt den Schnabel und sperrt nach dem Futterbällchen, Seite an Seite mit dem kleinen Drosselkind.

Ohne lange zu überlegen, gebe ich Mecki den Kloß, den eigentlich sie bekommen sollte, und gleich noch zwei große Klöße hinterher, bevor ich der Kleinen wieder einen in den Schnabel tue. Der Große sieht geduldig zu, und während ich ihm wieder einen Happen gebe, sage ich zu ihm: »Mecki, du bist wirklich ein ganz toller Vogel!«

Jetzt bekommt jeder abwechselnd: Mecki zwei, die Kleine einen Kloß, so lange, bis sie beide nicht mehr mögen und Mecki auf den Tisch fliegt, die Dose von seinem Frühstück nimmt und sich soviel er kann in den Schnabel steckt. Dann verabschiedet er sich mit einem freundlichen Blick, fliegt aus dem Fenster und in weitem Bogen in Richtung Hammewiesen davon.

Das war ein aufregender Besuch! Ich hatte mich darauf eingestellt, das Leben des kleinen Vogels gegen meinen Freund, den Raben, zu verteidigen. Nun hat er mich wieder einmal durch sein großmütiges Verhalten sehr beschämt.

Die letzten Tage sind sehr warm gewesen, und wir haben oft im kühlen Schatten unter der alten Eibe gesessen. Es wird immer aussichtsloser, in der trokkenen Erde noch einen Regenwurm für die Kleine zu finden. Nicht weit von hier, in einem kleinen sumpfigen Wäldchen, müßten eigentlich noch einige zu finden sein. Die Kleine läßt sich bereitwillig in ihr Körbchen setzen und mit dem Kopftuch zudecken. Wir fahren durchs Dorf, an der Feuerwehr vorbei und parken direkt am Waldrand. Dann folgen wir einem Bächlein und erreichen eine Lichtung im Dickicht des Wäldchens, deren Boden feucht und modrig ist. Den Spaten lehne ich an einen Baum, stelle den Korb auf den Waldboden und lüfte das Tuch.

»Tschüb, tschüb'«

Die Kleine freut sich, daß sie mich endlich wiedersieht, hüpft auf den Korbrand und blickt sich verwundert um.

»Tschüb, tschüb!« – »Wo sind wir denn hier?«

Ganz verloren steht sie inmitten einer riesengroßen fremden Welt. Unter den hellgrün bemoosten Stämmen der Erlen und Eichen wuchern üppige Sumpfpflanzen zwischen moderndem Holz gefallener Bäume. Es duftet nach Veilchen, Kräutern und Sumpf, würzig, herb und lieblich.

Während die Kleine mir dabei zusieht, wie ich ein

morsches Holz wende und Regenwürmer sammle, nähert sich ein Rascheln und Knacken im Unterholz, und mit einem »Wau, wau, wau!« kommt ein Dackel auf uns zugerannt.

»Halt!«

Der Hund stutzt.

»Was willst du denn hier?«

Er hält eine Weile inne, verweigert jede Auskunft und läuft in die Richtung zurück, aus der er gekommen ist. Ich atme auf, das ist ja noch mal gutgegangen! Als ich mich jedoch zu der Kleinen umwende, ist sie nicht zu sehen.

»Kleine, wo bist du?«

Keine Antwort! Sicherlich hat sie der Hund erschreckt, und sie ist auf und davon! Ich suche in der näheren Umgebung den Boden ab.

»Kleine, wo bist du?«

Nichts, keine Antwort, sie ist nirgends zu entdekken. Nicht in den Ästen, nicht im Gestrüpp. Auf allen vieren suche ich im Klee, zwischen den Sumpfdotterblumen, den Buschwindröschen, ich durchsuche Binsen- und Grasbüschel. Es ist zum Verzweifeln! Als hätte sie der Boden verschluckt, die Kleine ist nicht mehr da.

Mutlos gehe ich zu ihrer Korbtasche zurück und setze mich auf einen Baumstamm. Was soll ich bloß machen? Ohne die Kleine gehe ich von hier nicht weg! Aber wo soll ich denn noch suchen?

»Kleine, wo bist du nur?«

Habe ich nicht eben ein ganz leises Piepen gehört, so leise, als wenn eine Ameise geflüstert hätte?

»Kleine, wo bist du?«

Da, abermals das kaum hörbare »Piep«, dünn wie der Faden einer Spinne, leise wie ein ganz heimlicher Gedanke.

»Bist du es, Kleine?«

Erneut der winzige Ton! Und ich kann unmöglich sagen, woher, aus welcher Richtung er kommt. Es ist so, als ob er eigentlich gar nicht existiert. Ist es vielleicht nur reine Einbildung? Wenn ich wirklich ihre Stimme gehört habe, muß sie sehr weit weg sein. Unschlüssig gehe ich auf die vermeintliche Stimme zu, stolpere über eine Bierflasche, die zwischen dem Grün im Morast steckt, bleibe mit dem Fuß an einem halbvergrabenen Fahrradschlauch hängen und schramme mein Bein an einer spitzen Speiche des dazugehörigen Rades auf. Ich rufe und rufe, doch alles bleibt still.

Schier verzweifelt setze ich mich wieder neben den Korb, in der vagen Hoffnung, daß sie einfach wiederkommt. Dabei betrachte ich, in Gedanken versunken, einen alten Strohhut, durch dessen Krempe ein kleiner Trieb gewachsen ist. Er liegt nur zwei Schritte entfernt am Boden, und ich wundere mich, daß ich ihn eben erst entdeckt habe. Jetzt höre ich auch die winzige Stimme wieder und bemerke eine kaum wahrnehmbare Bewegung unter dem Hut.

»Kleine, bist du's?«

Sofort antwortet sie mit diesem Flüstern, das mir die ganze Zeit ein Rätsel war. Als ich näherkomme, begrüßt sie mich mit ihrer gewohnten Stimme und hüpft in ihrer Wiedersehensfreude gleich auf meine Hand.

»Tschüb, tschüb?« – »Wo warst du denn so lange?«

»Ich hab dich überall gesucht, und bin ja so froh, daß ich dich endlich gefunden habe!«

»Tschüb!« – »Ich auch!«

»Aber warum hast du mir denn nicht laut und deutlich geantwortet, als ich dich gerufen habe?«

»Tschüb!« – »Ich hatte solche Angst, daß mich die Feinde hören!«

»Komm, Kleine, laß uns schnell nach Hause fahren, hier ist es wirklich viel zu gefährlich für ein Drosselkind!«

Wenn ich mit der Kleinen spreche, habe ich ganz einfach das Gefühl, daß sie mich versteht, und wenn sie mit ihrem »Pjüt« oder »Tschüb« antwortet, glaube auch ich sie recht gut zu verstehen. Doch sobald ich über unsere seltsamen Zwiegespräche nachdenke, kommt dieser lästige Roboter »Zweifel« angekrochen und beginnt, das feine Gewebe der Verständigung zu zerreißen. Er sieht mich nicht an, seine Augen sind Löcher, die mich an Brunnen erinnern, in denen jedes Verstehen unweigerlich zugrunde gehen muß.

Während ich versuche, diese häßliche Erscheinung wie einen bösen Traum zu verjagen, kommt mir das kleine Vogelkind zu Hilfe. Wie gewöhnlich lege ich sie in ihr Bettchen, decke das Tuch über die Korbtasche und lege mich hin, um noch eine Weile fernzusehen. Dabei unterhalten wir uns leise von Bett zu Bett. Gerade denke ich, daß sie endlich eingeschlafen ist, als es in der Korbtasche kräftig flattert und gleich darauf ihr Köpfchen unter dem Tuch hervorlugt. Als sie mich sieht, sagt sie »Pjüt« und kommt zu mir ins Bett geflogen.

»Was ist denn das, Kleine, du sollst doch jetzt schlafen!«

»Tschüb, tschüb!« – Das heißt offenbar: »Nein, ich will nicht!«

Das ist etwas ganz Neues! Bisher sind wir uns immer einig gewesen.

»Kleine, du mußt jetzt aber wirklich schlafen!«

»Pjüt«, lautet die Antwort. Dabei läßt sie sich in meiner Hand ganz sachte nieder, sieht mich freundlich an und sagt noch mal leise: »Pjüt!«

Diesmal klingt es wie eine Zustimmung, sie will wohl schlafen gehen, aber nicht in ihrem Bettchen, sondern in meiner Hand.

»Na gut, meine Kleine, du darfst erst mal bei mir einschlafen!«

»Pjüt« und leise zarte Töne sind die zustimmende Antwort.

Sie legt ihr Köpfchen unter einen Flügel, schaut mich mit einem Auge noch eine Weile an, schließlich schläft sie wirklich ein. Weich und warm liegt sie in meiner Hand, und ich fühle neben dem gleichmäßigen Rhythmus ihres Atems das schnelle Puckern ihres kleinen Herzens. Sie schläft ruhig und friedlich, und manchmal ertönt ein leises Piepen aus dem Federbällchen. Der kleine Vogel spricht im Schlaf, offenbar träumt er einen fröhlichen Traum. Nach einer guten Stunde lege ich sie in ihr Bettchen. Sie schläft weiter, und ich bin erst einmal beruhigt.

Ich ahne jedoch, daß sie sich in den nächsten Tagen weigern wird, wie bisher in der Korbtasche zu schlafen. Sie wird sich einen erhöhten Schlafplatz suchen, weil es ihr am Boden nicht geheuer sein wird. Drosseln haben, sobald sie das Nest verlassen, einen unwiderstehlichen Drang, hoch über der Erde zu schlafen. Das kann ich jedoch nicht zulassen. Sie könnte aus dem Fenster fliegen, nicht mehr zurückfinden und müßte unweigerlich verhungern. Oder sie könnte, während ich noch schlafe, hinter einen Schrank fallen, sich einklemmen und ersticken.

Da ich sie aber nicht zwingen werde, in der Korbtasche zu schlafen, gibt es nur eine Lösung: Ich werde ihr meine Bedenken genau erklären müssen und sie bitten, ihren angeborenen Trieb, sich einen erhöhten Schlafplatz zu suchen, zu unterdrücken und weiterhin in der Korbtasche zu schlafen. Ich weiß, die Vorstellung, daß die kleine Drossel mich wirklich verstehen wird, ist völlig absurd, und selbst dann, wenn sie mich wider allen Erwartens doch verstehen wird, ist es noch lange nicht gesagt, daß sie auf meine Bitte eingeht.

Es stellen sich Fragen von unabsehbarer Bedeutung: Kann ein Vogel die Sprache des Menschen wirklich verstehen? Hat der Wunsch eines Menschen für einen Vogel eine Bedeutung? Wird sich ein Vogel mit meinem Wunsch, mit dem, was ich fühle, identifizieren? Gemeinhin sprechen Menschen den Vögeln Gefühle und Leidensfähigkeit grundweg ab. Sind Vögel denn wirklich ebenso stumpfsinnig wie viele Menschen, die weder einen Zugang zu ihrer eigenen noch zur Seele eines fremden Wesens haben?

Und was ist überhaupt eine Seele? Ist sie nicht eine Freiheit, die aus dem Wesen des Schöpfers selbst kommt? Eine Freiheit, die das Ich aus seinem Gefängnis befreit und den Weg zur Seele eines anderen Wesens finden läßt? Wenn wir so etwas unter der Seele verstehen, dann wünsche ich uns beiden, dem Drosselkind und mir, etwas von dieser geheimnisvollen Kraft.

18. Juni

Die letzten Tage waren wir viel im Garten. Das Drosselkind sitzt am liebsten unter den schattenspendenden Blättern der Kapuzinerkresse vor unserem Fenster, und zwar so, daß es mich immer sehen kann. Sobald ich mich ein wenig entferne, wird ihre Stimme sehr leise. Sie ruft mich dann mit diesem hohen dünnen Ton in größeren Abständen und verhält sich ansonsten ganz ruhig, bis ich wiederkomme.

In der Wohnung hat sie ihren Lieblingsplatz in dem Regal am Kopfende meines Bettes. Dort liegt sie glücklich und zufrieden auf einer bunten Blechschachtel mit Malkreiden über einem Stapel Bücher und läßt mich nicht aus den Augen. Sobald ich ihr Blickfeld verlasse, ruft sie mit lauter Stimme nach mir, bis ich wieder bei ihr bin. In der Wohnung darf sie mich so laut rufen, wie sie will, da sind wir vor Feinden sicher.

Die letzten Abende hat sie nicht mehr gegen ihren Schlafplatz in der Korbtasche rebelliert, weil wir eine Abmachung getroffen haben: »Du darfst in meiner Hand einschlafen und schläfst dann in der Korbtasche weiter.« Hat sie mich wirklich verstanden, oder hat sie sich nur überlisten lassen und war nach dem Einschlafen zu müde, um noch aufzubegehren?

Ich werde es gleich erfahren, denn heute abend wird sie unsere »Vereinbarung« nicht mehr einhalten. Sie hat schon eine gute Stunde in meiner Hand geschlafen. Es ist gegen zehn Uhr, als ich sie vorsichtig ins Bett lege. Sie schläft eine Weile weiter und fliegt plötzlich mit einem »Tschüb« aus ihrem Bett direkt auf ein Regal.

»Meine Kleine, das geht aber wirklich nicht!«

»Pjüt!« – »Ach bitte, laß mich doch hier oben schlafen!«

»Du weißt doch, daß es nachts für dich gefährlich ist, wenn du nicht in deinem Bettchen unter dem Schlaftuch liegst!«

»Pjüt« – »Ja, aber ich mag da nicht mehr schlafen!«

Ihre Stimme hört sich an, als ob sie um Verständnis bittet. In diesem Augenblick fühle ich mich bedroht, erlebe wieder dieses merkwürdig gespaltene Bewußtsein. Das leise »Pjüt« verstehe ich genau. Und dennoch habe ich gefälligst als Mensch, der kein Spinner sein will, zu glauben, daß ich dieses »Pjüt« und auch sonst nichts verstehe.

Ich fühle, wie sich mir die Nackenhaare bei dem

Gedanken sträuben, der mir jetzt kommt. Ich erkenne die Gelegenheit, endlich zweifelsfrei zu erfahren, ob die kleine Drossel und ich uns wirklich verstehen, oder ob alles nur eine Einbildung gewesen ist, die das Geschehene vermenschlicht. Denn wie tödliche Schlingen lauern die alten Tabus, signalisieren verbotenes Gebiet gleich den Schrumpfköpfen, mit denen Eingeborenenstämme ihre Grenzen markieren.

Der Bannstrahl des »Heiligen Vaters«, unserer bürgerlichen Gesellschaft und der materialistisch orientierten Wissenschaftler, die mein Bewußtsein regelrecht kanalisiert haben, wird mich treffen, wenn ich es wagen sollte, nach der Wahrheit zu fragen. Wie ich als Kind nicht fragen durfte, woher die Kinder kommen, und meine Seele wegen der unausgesprochenen »sündigen« Frage unter Angst- und Schamgefühlen litt, so leide ich auch jetzt unter dem Gefühl, Verbotenes wissen zu wollen. Und dennoch werde ich es wagen, die mir aufgeprägte Sicht- und Denkweise abzustreifen und der Spur eines Geheimnisses zu folgen.

Ich werde den kleinen Vogel in sein Bettchen legen und ihn bitten, nicht wieder auf das Regal zu fliegen. Wenn er dieser Bitte folgt, gibt es für mich keinen Zweifel mehr, dann hat er mich verstanden.

In jedem Fall wird es eine schmerzliche Erkenntnis sein: Wenn die Kleine mich nun doch nicht versteht, löst sich ein wunderschöner Traum in Traurigkeit auf, dann habe ich mir eine bezaubernde Beziehung nur eingebildet. Versteht sie mich aber doch, bricht eine andere, eine geistige Welt zusammen. Dann wird ein ungeheurer Betrug an einem großen Teil der Menschheit offenbar. Ich müßte eingestehen, daß Christenmenschen die Vögel, Gottes Geschöpfe, seit Tausenden von Jahren als sprach- und seelenlose Wesen zu Untergeschöpfen herabgewürdigt haben. Ich stehe vor dem aufregendsten Abenteuer meines Lebens. Vielleicht wird an diesem Abend endlich Licht in einen düsteren Abgrund abendländischen Bewußtseins fallen.

Ich steige auf einen Stuhl, um den eigensinnigen Vogel auf dem Regal zu erreichen.

»Meine Kleine, ich versteh' dich ja, ich weiß, wie gerne du da oben schlafen möchtest.«

»Pjüt?« – »Muß das denn sein?«

»Ja, es muß sein, nur noch einige wenige Male, dann darfst du schlafen, wo du willst. Bitte, laß dich in dein Bettchen tragen!«

Ich nehme sie auf die Hand, und sie läßt sich tatsächlich in ihr Bettchen setzen, sie legt sich willig nieder. Ich weiß jedoch, es wird noch nicht das letzte Wort gewesen sein, und das bringt mich auf eine Idee: Ich werde versuchen, den zu erwartenden Dialog zwischen Mensch und Vogel mit meinem Kassettenrekorder aufzunehmen.

Das folgende Gespräch habe ich, etwas gekürzt, direkt von der Kassette übernommen und die Vogellaute so in unsere Sprache übertragen, wie ich sie in der Situation verstanden habe:

Ich: »Bist du müde?«

Sie: »Ja!«

Ich: »Wollen wir ins Bett gehen?«

Sie: »Nein! Muß das denn sein?«

Ich: »Na gut, ich gebe dir noch etwas zu essen.«

Sie: »Das finde ich gut.«

Nachdem sie gegessen hat, lege ich sie ins Bett, von dem aus sie das Mikrofon mit großem Interesse betrachtet. Daraufhin sage ich zu ihr:

»Das ist ein komisches Ding!«

Sie: »Das finde ich aber auch!«

Etwas später fügt sie mit ganz zärtlicher Stimme hinzu: »Ich möchte zu dir!« und fliegt auf den Rand der Korbtasche.

Halb ratlos, halb verständnisvoll frage ich sie: »Meine Kleine, willst du denn noch gar nicht schlafen?«

Sie: »Du weißt doch, was ich möchte!«

Ich lege sie behutsam in ihr Bett und decke das Tuch zur Hälfte über die Korbtasche: »Gut, meine Kleine?«

Sie: »Ja!«

Doch wenig später fliegt sie wieder auf den Rand und sagt: »Bitte, bitte!«

Trotz ihres Protestes läßt sie sich auch dieses Mal willig auf die Hand nehmen und wieder ins Bett legen.

Ich: »So, gut?«

Sie: »Weiß nicht!«

Ich: »Dann schlaf gut, meine Kleine!«

Doch sie denkt nicht daran, in ihrem Bettchen zu schlafen, und fliegt bald wieder auf das Regal. Ich habe das Gefühl, daß sie meinem Wunsch schon folgen möchte, aber mit sich selbst immer wieder uneins ist. Vielleicht stört sie zu allem Überfluß auch noch das Mikrofon, das an der Innenwand der Korbtasche hängt. Ich nehme es daher heraus, lege das Vogelkind wieder ins Bett und sage: »Meine Kleine, schlaf gut, kannst ruhig schlafen.«

Sie blickt zu mir auf und sagt: »Ich will's versuchen, aber es fällt mir sooo schwer.«

Dann flüstert sie immer leiser werdende glückliche Töne, bis sie endlich eingeschlafen ist und ich mich auch hinlegen kann.

Um elf Uhr gehe ich leise zu ihr. Sie hört mich schon, als ich aufstehe, und sagt: »Ich bin hier im Bett.«

Ich: »Schläfst du schon?«

Sie: »Ja.«

Ich: »Ich bleibe auch hier und gehe nicht weg. Ich mach' das Tuch jetzt ganz drüber, ja?«

Sie: »Es ist alles gut. Wenn du bleibst, bin ich glücklich und schlaf' auch wieder ein.«

Jetzt weiß ich, die kleine Drossel wird ihr Versprechen halten.

Aus dem Wald klingt, begleitet von einem Chor

von Vogelstimmen, das Gutenachtlied einer Sing-drossel. Zum ersten Mal in meinem Leben lösen sich aus dem Gesang eines Vogels Laute, die ich zu verstehen beginne, und ich erkenne, daß sie eine wundervolle Sprache sind. Mir ist, als wäre ich in einer ganz anderen, wunderbaren, glücklichen Welt. Auf einmal bin ich kein unbeteiligter Zuhörer mehr, bin Teil dieses Gesanges und des Wesens, aus dessen Seele er kommt. Für einen langen kostbaren Augen-blick bin ich Teil der dem Menschen sonst verborge-nen Schöpfung geworden.

Das Gespräch mit der Kleinen sorgt noch für eine weitere Überraschung: Ihre Phantasie, ihre Auffas-sungsgabe und ihr Einfühlungsvermögen scheinen meine Möglichkeiten deutlich zu übertreffen, da sie mir im Verstehen der Sprache des anderen weit überlegen ist. Ihre Reaktion auf das, was ich sage, ist so schnell und folgerichtig, daß sie mich genau verstanden haben muß, während ich sie nur mit großer Anstrengung einigermaßen verstehe. Sie ist mir einfach immer eine ganze Schnabellänge voraus. Erst durch Nachfragen erfahre ich mit der entspre-chenden Verzögerung dann doch noch den Sinn ihrer Worte.

Seit die Kleine etwas fliegen kann, erweitert sich ihr Aktionsradius von Tag zu Tag. Die blühende Welt um sie herum ist so neu und groß. Eben ist sie einem unbekannten Tier begegnet. Eine Handbreit vor ihr huschte eine Maus aus ihrem Loch und saß wie angewurzelt vor der Kleinen. Beide waren völlig überrascht und betrachteten einander neugierig, ehe sie sich friedlich trennten.

Später fliegt das Vogelkind ganz unerwartet aus meiner Hand hoch in die alte Eibe und landet etwas unsicher auf einem dünnen Ast. Sie scheint ziemlich erschrocken darüber zu sein, daß sie sich plötzlich so hoch über der guten alten Erde in einem Gewirr von Ästen und Eibennadeln wiederfindet, und ruft: »Komm zu mir, ich bin hier so allein und habe große Angst!«

Zum ersten Mal kann ich ihr nicht folgen, sie nicht erreichen, und ich weiß, daß sie jetzt ganz allein über unser gemeinsames Schicksal entscheiden wird. Wenn sie weiterfliegt, immer höher, auf den nächsten Baum, und weiter, so weit, bis ich sie nicht mehr sehen kann!

»Meine Kleine, komm zu mir! Ich kann nicht zu dir fliegen, auch wenn ich es noch so gerne möchte!«

»Tschüb, tschüb, pjüt!« – »Komm, komm bitte, versuch es doch!«

Es ist schon ein Elend! Zwei Beine, keine Flügel,

nichts als ein riesengroßes Trampeltier! So jedenfalls komme ich mir im Augenblick vor.

»Tschüb, tschüb, tschüüüüb!«

Hilflos stehe ich da, schaue zu ihr rauf und weiß nicht, was ich sagen soll. Jetzt fliegt sie los, auf den Apfelbaum zu, dreht kurz vorher ab, fliegt einen großen Bogen, schwebt tief über dem Boden auf mich zu, steigt kurz vor mir hoch und landet leicht und sicher auf meiner Hand. Ich weiß nicht, wer glücklicher ist, der kleine Vogel oder ich. Sie setzt sich tief in meine Hand, blickt zu mir auf und wiederholt ihr zärtliches »Pjüt, pjüt« untermalt mit zarten Tönen der Freude und des Glücks.

21. JUNI

Als uns Mecki heute besucht hat, ist die Kleine dicht über seinen Kopf geflogen und neben ihm gelandet. Damit muß sie gegen die internationalen Vogelflug-regeln verstoßen haben, denn Mecki hat sie mißbilli-gend angeschaut. Die Kleine war so erschrocken, daß sie sofort weitergeflogen ist und sich vor Meckis strengem Blick im Flur versteckt hat. Vögel können sich sehr schämen, wenn sie merken, daß sie sich danebenbenommen haben. Ob das auch schon mal bei tiefliegenden Menschen vorgekommen ist...?

Die Kleine kommt neugierig angelaufen, als ich den Wasserschlauch in die Kapuzinerkresse lege. Sie betrachtet den Schlauch erst mißtrauisch, ehe sie ihren Schnabel vorsichtig prüfend in den kleinen Wasserfall taucht, der in der trockenen Erde gleich wieder versickert. Allmählich entsteht ein Rinnsal, das sich leise plätschernd durch die Blumen windet. Sie versucht verzweifelt, in ihm ein Bad zu nehmen. Nachdem ich mit der Hand eine flache Mulde gegraben habe, sammelt sich das Wasser zu einer schlammigen Pfütze, in der die Kleine mit Begeisterung badet. Als sie mit dem flügelschlagenden Tauchen und Planschen fertig ist, sieht sie aus wie ein zerzaustes Stacheltier. So hüpft sie auf meine Hand – fliegen kann sie jetzt nicht mehr –, schüttelt sich, breitet ihre

nassen Flügel über meine Hand und nimmt ein Sonnenbad, bevor sie jede Feder ihres Kleides einzeln und sorgfältig mit dem Schnabel putzt und ordnet. Danach setzt sie sich in meinen Schoß, und wir dösen gemeinsam in den warmen Sommertag.

Am Abend liegen wir auf der Liege, sie in meiner Hand, und sehen fern; ich mit gemischten Gefühlen, sie mit geschlossenen Augen. Zum Glück! Wenn sie sehen und begreifen würde, was da gezeigt wird, wäre ich ganz schön blamiert. Es sind meine Artgenossen, die sich diesen Blödsinn einfallen lassen. Ich schäme mich sehr vor dem kleinen Vogel.

Sicherlich ist es die größte Beleidigung, die man einem Tier antun kann, wenn man ihm menschliche Eigenschaften andichtet, die es nicht haben kann. Daß Tiere sich aber wohl fühlen, Schmerzen erleiden, Angst oder Zutrauen haben, sich freuen oder traurig sein können, das erleben wir im Umgang mit Hunden und anderen Tieren oft genug, um zu wissen, daß hier von Vermenschlichung keine Rede sein kann. Es gibt einfach Ähnlichkeiten zwischen Menschen und Tieren. Die Fähigkeit zu Verrat, Betrug, Lüge, Hinterlist, Zerstörung, Schadenfreude und vielen solchen Gemeinheiten mehr sind dagegen wohl eher zu den rein menschlichen Eigenschaften zu zählen.

Mein Drosselkind würde ich nie im Leben eine Darbietung sehen lassen, wie es den Menschenkindern zum Beispiel mit der »Sesamstraße« zugemutet wird. Während ich darüber staune, mit welchen banalen Dummheiten die vermenschlichten Tiergestalten um die herablassend nachsichtigen Menschen herumgeistern, ist mir, als ob der kleine Vogel in meiner Hand sehr schwer geworden ist. Mir tun die armen Menschenkinder leid, denen durch solche und noch viel schlimmere Sendungen jedes echte Gefühl für Tiere und das eigene Leben aberzogen wird.

Seit unserem langen Gespräch über ihren Schlafplatz in der Korbtasche läßt sich meine Kleine wieder gerne von mir in ihr Bett bringen. Sie möchte nur, bis es soweit ist, so lange wie möglich bei mir sein, am liebsten in meiner Hand liegen und mit mir plaudern. Inzwischen sind wir uns dabei so nahe gekommen, daß wir uns auch ohne Worte gut verstehen. Wenn ich sie anspreche, antwortet sie mit ihrer Stimme, ihrem Körper und in ganz geheimnisvoller Weise mit ihren Füßen. Ihre Augen jedoch sprechen auch dann noch weiter, wenn das feine Gewebe der Kommunikation plötzlich zerreißt. Das kommt allerdings nur sehr selten vor.

Sie ist sofort still, wenn ein Mensch in unsere Nähe kommt. Dann ist es, als ob wir uns ganz fremd geworden sind. Nur zwischen unseren Augen gehen noch Signale hin und her, die erst erlöschen, wenn ich mich mit einem Menschen unterhalte. Von den Vorurteilen der Menschen geht eine gewalttätige Atmosphäre der Mißachtung aus, vor der sich das ganze Wesen des Vogels ängstlich zurückzieht. Eine sehr oberflächliche Kommunikation entsteht anstelle der vorherigen Verbundenheit, die ein nicht eingeweihter Beobachter allerdings für eine ungewöhnliche Nähe zwischen Mensch und Vogel hält.

Die wirklich bemerkenswerte Freiheit des Vogels besteht nicht in der Möglichkeit zu fliegen, wohin es ihm beliebt, sondern in der Fähigkeit, ein ihm völlig fremdes Wesen zu begreifen und zu achten. Die kleine Drossel ist bemüht, mir ihre hochentwickelte Begabung zu vermitteln. Was mir anfangs als Opfer erschien – mich des hilflosen Vogels anzunehmen –, hat inzwischen dahin geführt, daß ich der dankbare Schüler eines Vogelkindes geworden bin.

24. JUNI

Um sechs Uhr in der Frühe beginnt es endlich zu regnen. Die Kleine fliegt zum ersten Mal aus dem Fenster. Ich laufe nackt, wie ich bin, in den Garten und rufe nach ihr. Sie kommt gleich auf meine Hand geflogen, und dieweil Mecki mit lautem Krächzen zu Andrea ins Zimmer schwebt, rette ich mich mit der Kleinen in den Flur. Während ich dort leise mit ihr spreche, erlebe ich eine Überraschung: Die kleine Drossel macht mir eine ernsthafte Liebeserklärung. Sie legt sich ganz flach auf den Tisch und spricht, während sie leise mit den Flügeln zittert, in eigenartig liebevollen Tönen zu mir. Ich bin so gerührt, daß ich sie küsse, so zärtlich, wie man nur eine verliebte Singdrossel küssen kann, ihren Schnabel, ihr Köpfchen, ihren Rücken und ihre schöne gesprenkelte Brust.

Natürlich bin auch ich in dieses bezaubernde Wesen etwas verliebt. Was hier geschieht, ist dennoch der Gipfel aller Unvernunft. Im zarten Alter von ungefähr dreißig Tagen ist ein Drosselkind normalerweise so weit von der Liebe entfernt wie der Mond von der Erde, und dennoch hat sich meine Kleine verliebt. Nie würde das bei einem Drosselmädchen in diesem Alter mit ihrem Vater oder ihrem Bruder oder einem noch so schönen Drosselmann geschehen. Eine Drossel verliebt sich nicht, solange sie nicht zu einer richtigen Drosselfrau herangewachsen ist. Und nun kommt dieses Vogelbaby und verliebt sich in ein Ungeheuer, in ein flügelloses Trampeltier!

Die kleine Drossel ist so herrlich unvernünftig in ihrer Liebe zu mir, daß ich mich völlig entwaffnet in mein Schicksal ergeben muß. Daß die Liebe oft seltsame Wege geht, ist hinlänglich bekannt. Wenn sich eine Singdrossel in eine Nachtigall verlieben würde, könnte ich das noch verstehen – aber in einen Menschen!

Im Laufe des Tages gehe ich mehrmals mit ihr in den Garten. Sie warnt immer wieder vor Mecki, den sie irgendwo in den großen Tannen entdeckt. Sie hat ihren unverzeihlichen Tiefflug wohl noch immer nicht vergessen und versteckt sich vor ihm im Gebüsch oder kommt angeflogen, um bei mir Schutz zu suchen. Selbst wenn sie sich im fensterlosen Flur aufhält, warnt sie vor Mecki, sobald er in die Nähe des Hauses kommt. Woher sie das weiß, ist mir ein Rätsel.

Gegen achtzehn Uhr erkläre ich der Kleinen, daß ich zu Fietis Sommerfest gehen und sie eine Weile allein lassen werde. Zum Trost lege ich drei fette Mehlwürmer auf ihren Teller, verabschiede mich und lasse sie allein im Flur zurück. Als ich nach einer guten Stunde wiederkomme und die Haustür öffne, sitzt sie ganz unglücklich vor mir auf dem Boden. Ich nehme sie in meine Hand und tröste sie. Bald ist sie wieder fröhlich und ißt nun auch die vorher verschmähten Mehlwürmer mit Begeisterung. Kaum habe ich mich zum Abendessen niedergesetzt, stellt sie sich vor den Fernseher und schaut mir beim Essen zu. Ich sage ihr, wie gern ich sie hab, und sie legt sich sofort hin und schaut mich unentwegt mit einem glücklichen Ausdruck in den Augen an.

Nach dem Abendessen liegt sie noch lange gemütlich in meiner Hand, bis ich sie gegen zwanzig Uhr in ihr Körbchen lege. Sie ist bereits eingeschlafen, da kommt Mecki hereingeflogen. Sofort ist sie wieder wach, verhält sich aber so lange ruhig, bis er davongeflogen ist. Dann ist sie eine Weile sehr aufgeregt und läßt sich nur langsam wieder beruhigen. Schließlich schläft sie friedlich ein.

Wenn ich leise zu ihr spreche, antwortet sie zärtlich und glücklich. Als ich versuche, diese zarten Töne auf Band aufzunehmen, ist sie sofort still. Sie weigert sich seit einigen Tagen, auch nur einen Pieps zu sagen, wenn das Mikrofon in ihrer Nähe ist. Mecki hat es übrigens auch nicht leiden können und es wütend angegriffen, wenn er es entdeckte.

25. JUNI

Heute morgen begrüßt mich die Kleine mit den merkwürdigsten Tönen. Sie fliegt auf meine Schulter, schmiegt sich an meinen Hals und singt mir ein rollendes, melodisch flatterndes »Rrriiii« ins Ohr. Sie macht mir an diesem Tag immer wieder die rührendsten Liebeserklärungen und ist glücklich, wenn ich ihr leise und zärtlich antworte.

Am Abend liegt das verliebte Drosselmädchen in meiner Hand und sieht mir dabei zu, wie ich ihr Bettchen für die Nacht mit frischen Küchentüchern zurechtmache. Als ich damit fertig bin, sagt sie: »Pjüt?«

»Du hast recht, wer sich schon verlieben kann, muß sich seinen Schlafplatz selber aussuchen dürfen und braucht nicht mehr wie ein Baby im Körbchen zu Bett gebracht zu werden!«

Ein leises »Rrriiii« ist die Antwort. Dann beginnt sie, ihr Federkleid für die Nacht zu ordnen. Anschließend gehe ich mit ihr in den Flur und setze sie auf ein Regal. Erst ist sie unschlüssig, dann fliegt sie eine Etage höher, versteckt ein Bein in ihren Bauchfedern und schläft wie eine erwachsene Drossel auf einem Bein stehend ein.

Gegen sechs Uhr gehe ich, noch halb im Schlaf, zur Kleinen in den Flur. Sie kommt mir auf halbem Weg entgegengeflogen, streift mein Gesicht, landet kurz auf meiner Schulter, fliegt mir auf die Hand und ist außer sich vor Freude. In ihrer Aufregung eilt sie ins große Zimmer voraus, bemerkt, wie die Kohlmeisen ein und aus fliegen, fliegt selbst auf das Vogelhäuschen vor dem Fenster und mit einem glücklichen Ruf weit, weit in den Garten hinaus.

In diesem Augenblick fällt mir ein Lied aus »Porgy and Bess« ein: »Early one morning when the sun is rising, you'll spread your wings and take to the sky, and on this morning there's nothing to hold you, though Daddy and Mammy are standing by.« Hat meine Kleine ihre Flügel ausgebreitet, um nie mehr zurückzukommen? Sie ist mit solcher Freude hoch über den Apfelbaum geflogen, an den großen Tannen vorbei und über den Wald davon.

Aber an diesem Morgen gibt es keine Sonne, der sie hätte entgegenfliegen können. Der Himmel ist grau verhangen, es regnet in Strömen. Ohne jede Hoffnung, sie wiederzufinden, gehe ich in den Regen hinaus und rufe nach ihr. Nach langem vergeblichen Suchen kehre ich, völlig durchnäßt, ins Haus zurück und lege mich wieder zu Bett. Im Verlauf einer langen Stunde fruchtlosen Wartens gleicht sich meine Stimmung immer mehr dem tristen Regentag

an. Ganz unerwartet höre ich plötzlich durch das monotone Rauschen der fallenden Tropfen eine vertraute Stimme. Wie elektrisiert laufe ich in den Garten und sehe einen leicht schaukelnden Schatten aus dem dampfenden Dunst des Waldes auf mich zuschweben, und schon von weitem laut schreiend, landet die Kleine auf meiner Hand. Pudelnaß, aber glücklich erzählt sie mir von der wunderbaren Welt, in der sie gewesen ist.

Im Flur bekommt sie endlich ihr Frühstück, danach nehme ich sie zu mir ins Bett. Auf meinem Arm putzt sie ihr nasses Federkleid, setzt sich warm und weich in meine Hand, flüstert mir noch viele Zärtlichkeiten zu und schläft zufrieden ein. Nach einem kurzen Nickerchen richtet sie sich auf, streckt ihre Flügel, erst den rechten, dann den linken, schließlich beide. Ich füttere sie auf dem Flur und lasse sie dort allein, denn ich muß unbedingt ins Dorf fahren, um einzukaufen.

»Ich komme gleich wieder, meine Kleine!«

Bald bin ich zurück. Nach großer Begrüßung fliegt sie in den Wald. Ich suche sie lange, bis ich sie schließlich auf dem Waldweg wiederfinde. Ich setze mich mit ihrem Tagebuch im Regen unter eine Linde im Wald und sehe zu, wie sie nach kleinen Insekten sucht. Plötzlich ist sie verschwunden. Ich rufe nach ihr und gehe, immer noch rufend, zur Haustür zu-

rück. Beim Öffnen der Tür höre ich ihre Stimme. Sie ist mir gefolgt und kommt ganz allein in den Hausflur spaziert. Ich lasse sie noch einmal eine Stunde allein.

Sie freut sich, mit den Flügeln zitternd und »rrriüüü« flötend, als ich zurückkomme. Jetzt ist es Abend, und sie ist, wie gestern auf einem Bein stehend, vor mir eingeschlafen. Gegen halb zehn sehe ich Mecki mit seiner Krähenfrau auf die große Tanne fliegen, von dort begrüßt er mich mit einem lauten »Raaab, raaab, raaab«. Um die Kleine, die sich sicher wieder fürchtet, zu beruhigen, gehe ich zu ihr in den Flur. Sie kommt mir entgegen und will unbedingt auf meinem Rücken schlafen. Essen möchte sie nichts mehr, nur so nahe wie möglich bei mir sein. Nach einer Weile stelle ich sie auf ein Regalbrett und verspreche ihr, daß ich mein Abendbrot bei ihr essen werde und dort auch diese Zeilen schreiben will. Da bleibt sie genau so stehen, wie ich sie hingestellt habe.

27. Juni

Im Morgengrauen ruft und singt Mecki auf der großen Tanne, bis seine Frau in Begleitung zweier Rabenkrähen erscheint. Nach längerer Beratung kommt Mecki hereingeflogen, frühstückt und hockt sich auf mein Hemd, um mit uns noch eine Weile zu

schlafen. Später empfängt mich die Kleine im Flur
mit zärtlichen »Rrriüüüs«. Als ich mit ihr in den
Garten gehe, führt sie einen wilden Freudentanz auf.
Kurz darauf schenkt sie mir eine winzige Feder, die
sie sich ausgezupft hat. Sie erobert ihre Welt in einem
wahren Freudentaumel. Dabei erbeutet sie im Flug
ein Insekt und pflückt Holunderbeerblüten zum
Nachtisch.

Um sieben Uhr weckt mich Mecki. Die Kleine schläft noch ruhig auf dem Bild einer Seeschlacht, das hoch oben an der Wand im Flur hängt. Sie zieht ihr Köpfchen unter dem Flügel hervor, als ich zu ihr gehe, sieht zu mir herunter, antwortet ganz leise, ist aber noch nicht richtig ansprechbar. Ich lege mich wieder ins Bett. Mecki bleibt und will offensichtlich auch noch etwas schlafen. Seine Frau hat aber wenig Verständnis dafür und ruft so lange von der großen Tanne herüber, bis er endlich zu ihr fliegt.

Kaum bin ich wieder eingeschlafen, zieht mich eine Kohlmeise am Ohr. Ich greife unter mein Kopfkissen und gebe ihr einen Cashewkern. Um weiterer Ruhestörung vorzubeugen, bleibe ich wach und verteile die Kerne ganz »freiwillig« an alle Mitglieder der Meisenfamilie, die noch zum Frühstück kommen. Es ist noch gar nicht lange her, daß die lustigen Gesellen das Spiel erfanden: »Wer traut sich in des Raben Höhle, wenn er seinen Schnabel füllt?«

Es muß sich herumgesprochen haben, daß ich als Wächter seiner Schätze nicht unbestechlich bin; daß es vollauf genügt, mir schöne Augen zu machen, um einen leckeren Cashewkern zu bekommen. Mittlerweile ist es Zeit geworden, nach der Kleinen zu sehen. Im Flur kommt mir ein glückliches »Rrriüüü« auf die Hand geflogen und flüstert zärtlich mit mir. Ich trage sie zu ihrem Futterplatz.

Im Garten probiert sie alles, was ihr in den Weg kommt. Manches schmeckt so gut, daß sie es verschluckt. Auf diese Weise lernt sie ihre Nahrung kennen. Als ich am Nachmittag wieder mit ihr in den Garten gehe, macht sie ganz verrückte Freudensprünge um mich herum. Ähnliche Gefühlsausbrüche habe ich bei jungen Drosseln noch nie erlebt. Es muß wohl Ausdruck ihrer intensiven Gefühle sein. Dann fliegt sie wie wild ums Haus und segelt in weitem Bogen zu mir zurück. Sie läuft ins Blumen- und Erdbeerbeet, nascht an einer halbreifen Erdbeere, pickt eine Ameise auf, pflückt eine Spinne aus

ihrem Netz, schnappt sich eine Mücke aus der Luft und zieht einen Regenwurm mühsam aus der Erde.

Da höre ich ein fernes Grummeln. Dunkle Wolken ziehen hinter den großen Bäumen auf. Ein warnendes Keckern ertönt, wie es alte Drosseln tun, aber es ist die Kleine, die wohl langsam erwachsen wird. Sie ist ja auch schon ganze siebenunddreißig Tage alt!

»Schnell ins Haus«, denke ich. Da fliegt die Kleine auf, unter dem Fliederbaum hindurch und über den Apfelbaum hinweg in großem Bogen in die alte Eibe. Auf dem Weg zur Eibe rufe ich: »Kleine, wo bist du denn?«

Als Antwort fährt ein greller Blitz aus der schwarzen Wand, die bedrohlich näherkommt.

»Kleine, es wird ein schreckliches Gewitter geben, komm, meine Kleine, wir müssen schnell ins Haus!«

Ich suche in der Eibe über mir jeden Zweig nach ihr ab, ein, zwei Blitze zucken über den Himmel, drohend rollt ein Donnern über das Land. Es wird immer dunkler, die Sonne versinkt im schwefeligen Grau der sich über uns türmenden Wolken.

»Wo bist du nur, meine Kleine? Komm doch, komm!«

Nun suche ich auch am Boden nach ihr, biege große Farnblätter zur Seite, suche in den Brennesseln und im Blumenbeet. Keine Kleine zu entdecken! Jetzt geht ein leises Rauschen durch die Bäume, dann setzt plötzlich ein Sturm ein, vor dem sich die große Tanne ächzend beugt und welcher die Äste der mächtigen Bäume peitscht. Wär' ich doch gar nicht erst mit der Kleinen rausgegangen! Sie muß sich schrecklich fürchten, vor den Blitzen, dem Donner und dem wilden Sturm! Sicher ist sie in Panik davongeflogen und wird nie wieder zurückfinden! Der Sturm wird sie herumwirbeln, ihr die zarten Flügel brechen, und sie wird verwundet und hilflos auf irgendeinem Acker liegen.

»Arme Kleine, ich werde dich suchen, bis ich dich finde!«

Verzweifelt krieche ich auf allen vieren durchs Gebüsch. Da sitzt sie ja ganz ängstlich vor mir im Gras!

»Meine Kleine!«

Erschreckt fliegt ein fremder Vogel vor mir auf.

»Meine süße Kleine!«

Heiß durchfährt es mich, da auf dem schwankenden Zweig sitzt sie doch! Ich laufe hin: »Kleine!« Es ist aber nur ein großes rundes Blatt.

Erst fallen einzelne dicke Tropfen aus dem blitzzuckenden Schwarz über mir, dann beginnt es wild auf die Erde zu trommeln. In sinnloser Angst und ohne jede Hoffnung, die Ärmste je wiederzusehen, durchwühle ich Gras, Blumen und Sträucher. In den Bäumen bewegen sich Blätter und Zweige unter den schweren Regentropfen und dem wilden Wind. Verzweifelt laufe ich durch den Wald auf das endlose Maisfeld. Trostlos stehen die gleichförmigen Pflanzenreihen auf dampfender Erde. Ich merke nicht, wie mir das nasse Hemd am Körper klebt, versuche nur, durch das prasselnde Getöse eine winzig kleine Vogelstimme zu hören. Benommen setze ich mich am Waldrand ins triefende Gras und schaue den Blitzen zu, die wie vernichtend zuckende Finger auf das weite Land niederfahren.

Ich fühle mich so hoffnungslos, so elend, ich kann den Anblick dieser öden Welt nicht mehr ertragen. Wo soll ich nur hin, in die Wohnung, in der es keine Kleine mehr gibt? Ihren Platz auf dem Tisch im Flur wiedersehen, auf dem sie mich eben noch, zum letzten Mal in ihrem kurzen Leben, so zärtlich begrüßt hat? Ich weiß nicht mehr, wohin! Mühsam erhebe ich mich und gehe wie im Traum zu der Eibe zurück. Hier habe ich sie zum letzten Mal ...

Ohne darauf zu achten, was ich tue, gelange ich in die Nähe der Haustür. Dort dringt eine vertraute Stimme an mein Ohr. Vor der Tür steht die Kleine pudelnaß wie ein Häufchen Elend, senkt das verstrubbelte Köpfchen und kommt wie an einer Schnur gezogen auf mich zugerannt, klettert auf meine Hand und erzählt mir, wie glücklich sie ist, mich endlich wiedergefunden zu haben. Mit unbeschreiblichen Gefühlen trage ich sie in den Flur. Sie will nicht mehr von meiner Hand herunter. Das macht das Umziehen nicht gerade leicht. Während ich mir die nassen Sachen vom Körper ziehe, ist sie bemüht, ihre Federn einzeln mit dem Schnabel zu trocknen.

Ich setze mich an unseren Schreibplatz. Sie trocknet und ordnet ihr Federkleid noch lange weiter auf meiner Hand, während ich unser Abenteuer im Gewitter in ihr Tagebuch schreibe. Inzwischen ist sie als kleiner, immer noch zerzauster Federball auf meinem Arm eingeschlafen.

Nach diesem aufregenden Tag haben wir beide lange geschlafen. Um acht Uhr schaue ich nach dem Drosselkind. Es begrüßt mich mit vielen zärtlichen »Rrriüüüs«, fliegt auf meine Hand, setzt sich nieder, hebt sein Köpfchen zu mir auf und – singt mir ganz leise ein Lied. Es hört sich an wie jene beglückenden Lieder, die verliebte Drosseln im Frühling singen.

Sosehr diese hoffnungsvollen Freudengesänge auch manchem Menschen zu Herzen gehen, diese zarte Liebeserklärung hat einen ganz besonderen Zauber. In dieser Musik scheint sich ihre ganze kleine Seele auszudrücken und sich mir zu öffnen. Nur so kann ich es umschreiben, denn für eine Vogelseele hat die Menschensprache keine Worte. Und dennoch gibt es gerade in diesem Zusammenhang etwas Gemeinsames zwischen Vögeln und Menschen: die Musik! Lange vor dem Menschen, viele Millionen Jahre, bevor der erste Mensch über diese schöne Erde ging, haben Vögel Freude, Kummer, Sehnsucht, Liebe und Glück mit ihren wunderbaren Stimmen in die Welt gesungen, in eine Welt, von der wir heute nur noch träumen können. Es waren die Vögel, die der Menschheit ein unermeßliches Geschenk in die Wiege gelegt haben, den Gesang, und ich beginne zu ahnen, daß es noch sehr viel mehr gewesen ist.

Die Kleine zwitschert mir noch viele liebe Dinge

zu, während ich sie zu ihrem Futterplatz trage. Dabei verspreche ich, mit ihr heute besonders lange in den Garten zu gehen. Nach dem Mittagessen ist es dann soweit. Als ich die Haustür öffne, fliegt sie gleich auf den Boden und führt einen Freudentanz auf. Dann taucht sie zwischen Blumen und Erdbeeren unter. Ihr Köpfchen lugt ab und zu zwischen Blüten und Blättern hervor. Immer wieder muß sie sich vergewissern, daß ich noch da bin.

Ferner Donner kündigt wieder ein Gewitter an, über uns wird es dunkel, die ersten Regentropfen fallen, krachend schlägt ein Blitz am Waldrand ein. Ich gehe durch die weit offene Haustür in den Flur und rufe die Kleine. Sie bleibt vor der Tür eine Weile im Regen stehen, läuft aufgeregt hin und her und badet mit Begeisterung im nassen Gras. Wer hätte gedacht, daß sie so wenig Angst vor dem Gewitter hat!

Gegen halb neun sage ich zu meinem kleinen Vogelkind: »Ich gehe jetzt noch ins Dorf und komme in einer Stunde wieder.«

Sie hat auf dem Tisch gesessen, kommt auf mich zugelaufen und sagt mir mit dieser Geste: »Nimm mich mit!«

Bei allem, was ich mit der Kleinen schon erlebt habe, das muß ein Irrtum sein! Woher soll sie wissen, was »Dorf« und »Stunde« bedeuten? »Ich gehe« und »komme wieder« sind ihr geläufig, aber »Dorf« und »Stunde«? Wieso kommt sie so prompt auf mich zugelaufen und sagt: »Nimm mich mit«?

Mitnehmen kann ich sie nun wirklich nicht, allein lassen allerdings auch nicht mehr. Also bleibe ich einfach bei ihr und schreibe das eben Erlebte auf. Dabei geht sie auf ihrem Tagebuch spazieren, reckt und streckt sich und sieht mir beim Schreiben zu. Zwischendurch sprechen wir viel miteinander, und während ich schreibe, sitzt sie auf meiner Hand und ordnet ihr Federkleid für die Nacht. Dann fliegt sie auf den Schrank, von dort auf meinen Einkaufskorb und setzt sich auf seinem Rand zum Schlafen nieder.

Heute morgen fliegt sie mir beim Öffnen der Tür auf die Hand, erzählt und singt und kuschelt sich an mein Gesicht. Die Tür zum großen Zimmer ist offen. Sobald ich mit ihr hineingehe und sie nicht wie sonst im Flur bleiben muß, kann sie ihre Freude nicht beherrschen. Wie wild fliegt sie durch den Raum, vom Tisch auf den Boden, vom Boden aufs Bett, dreht sich in der Luft, tanzt, springt in den Teller mit Wasser, taucht den Kopf unter und planscht übermütig, fliegt mir pudelnaß übers Gesicht und landet auf meinem Kopf, »Rrriüüü!«, tobt vom großen Zimmer in ihren Flur und zurück, taucht in ihren alten Schlafkorb hinein und setzt sich wie früher auf den Rand. Dann zupft sie überflüssige Babyhärchen aus, fliegt zu mir auf den Tisch und legt sie in meine Hand.

Nach dem Mittagessen läuft die Kleine auf die Fensterbank. Sie schaut den fremden Vögeln zu, wie sie in unser Zimmer kommen und zurück in den Garten fliegen. Dann hüpft sie auf das Vogelhaus und sieht sich die große blühende Welt da draußen an. Noch einmal blickt sie zurück, sieht mich an, sagt: »Komm mit!« und fliegt auf die alte Eibe zu. Dort kann ich sie nicht entdecken und suche im Farnkraut nach ihr. Es wächst wie eine kleine Insel neben der Eibe. Ein, zwei, drei fremde Amselkinder fliegen vor mir auf,

hinter ihrer schimpfenden Mutter her. Aber die Kleine ist nicht zu sehen.

Ich setze mich unter die Eibe und schreibe. Dabei rufe ich immer wieder nach ihr. Endlich kommt sie aus dem Farnkraut auf mich zugelaufen. Sie hat eine Walnuß im Schnabel und hämmert mit ihr auf einen Stein, sie hält sie wohl für eine Schnecke, die sie aufschlagen will. Dann legt sie sich in die Blumen, entfaltet ihr Federkleid und nimmt ein Sonnenbad. Später klettere ich mit ihr auf der Hand durchs Fenster, um ihr eine neue Möglichkeit zu zeigen, wie sie in die Wohnung gelangen kann. Bisher kannte sie ja nur den Weg durch die Haustür.

Es sind vor allem die Abende, die etwas ganz Besonderes darstellen. Als Mecki noch bei uns wohnte,
bestand er auf einem sehr anspruchsvollen Abend-
programm. Von neunzehn Uhr bis etwa zwanzig Uhr
dreißig erfand er immer neue Spiele zu zweit, für
Andrea und sich; zwischendurch ausgiebiges Ku-
scheln und Streicheln. Dann wurden Geschichten
vorgelesen, und in den Pausen ertönte klassische
Musik, am liebsten die Irische Harfenmusik von
Rüdiger Oppermann. Gegen zweiundzwanzig Uhr

gab es als Höhepunkte Lieder, live vorgetragen von Andrea, bis ihre Stimme versagte. Die einzige Möglichkeit, ihn dann ans Schlafen zu erinnern, war mein musikalischer Beitrag.

Wenn ich so gegen dreiundzwanzig Uhr ins Zimmer kam, flog er mir auf die Schulter und begann mit seiner Abendtoilette. Die erlernten Lieder fand er etwas langweilig und flog bald auf meine Staffelei. Andächtig lauschte er dann dem endlosen »Rabenlied«, das ich ganz allein für ihn immer neu improvisierte. In diesem Lied flogen wir gemeinsam durch Zeit und Raum über das weite Land. Nachdem er dann alle seine Federn geordnet hatte, wollte er endlich schlafen, und ich konnte auch zu Bett gehen. Das Licht allerdings durfte ich erst ausschalten, wenn er eingeschlafen war.

Die Singdrossel ist so ganz anders. Es genügt ihr, wenn ich still dasitze und schreibe, dann ist sie schon glücklich. Vorhin, als die Sonne schon tief stand, habe ich ihr liebe Dinge erzählt, und sie hat ganz verzückt zugehört. Dann versprach ich ihr, daß ich der Sonne noch gute Nacht sagen will und sie von ihr grüßen werde.

»Ich komme ganz bald wieder, meine süße Kleine!«

Als ich nach ungefähr zwanzig Minuten zurück bin, steht sie noch genau so da – auf einem Bein –, wie ich sie verlassen habe. Sie streckt ihre Flügel nach oben und über ein Bein zur Seite, hüpft in ihren Wasserteller, macht vor Freude Anstalten zu baden und begibt sich endlich zu ihrem Futter. Sie hat offensichtlich keine Lust zu essen, wenn ich nicht bei ihr bin.

Der kleine Vogel hat mir beim Schreiben dieser Zeilen zugeschaut, jetzt sieht er mich an.

»Na, was möchtest du mir sagen, Kleine?«

Als Antwort fliegt sie in enger Kurve zur Erde, an den Mehlwürmern vorbei, und landet auf dem Sitzbaum.

Ich verstehe, was sie mir sagen will, stehe auf und bücke mich nach der Mehlwurmkiste. Dabei folgt sie mir zustimmend mit den Augen. Als ich die Kiste ergreife, fliegt sie auf den Tisch, um ihr Platz zu machen. Aufgeregt trippelnd erwartet sie dort ihr Mehlwurmabendessen mit Brei, fliegt nach beendeter Mahlzeit glücklich und zufrieden auf ihren Schlafkorb auf dem Regal und putzt ihr Federkleid für die Nacht.

Es ist wirklich bemerkenswert, daß sie wortlos einen Wunsch an mich richtet und erwartet, daß ich in ihren Augen lese und ihre stumme Sprache verstehe! In ihren Augen konnte ich tatsächlich lesen, daß sie nicht, wie so oft, auf meine Hand oder mich nur unverwandt ansehen, sondern daß sie mir einen Wunsch mitteilen wollte und dafür um meine Aufmerksamkeit bat. Ihre kleine »Pantomime« kann ich folgendermaßen übersetzen:

Sie, mit den Augen mitteilend: »Ich möchte dir was sagen!«

Ich, wörtlich: »Na, was möchtest du mir sagen, Kleine?«

Sie, indem sie zu den Mehlwürmern und von da auf den Sitzbaum fliegt: »Ich möchte von dir Mehlwürmer haben!«

Ich, wörtlich: »Du bist ein wunderbarer Vogel! Daß du so zu mir sprechen kannst!« Und, indem ich zu den Mehlwürmern gehe: »Ich werde dir welche geben.«

Sie, indem sie für die Mehlwurmkiste Platz macht und auf dem Futterplatz aufgeregt hin und her trippelt: »Ich freue mich!«

Sehr geistreich ist dieser Dialog sicher nicht, aber es ist ein Dialog zwischen Vogel und Mensch, nahtlos, klar und ohne Mißverständnis und von großer Bedeutung für die Zweifel, die ich noch vor wenigen Tagen hatte. Das Gefühl, das ich hatte, als der Vogel mich ansprach, ist unbeschreiblich. Von einem Vogel als gleichwertig anerkannt zu werden bedeutet, Einlaß in eine fremde, unvorstellbar geheimnisvolle Welt zu finden. Vielleicht ist es jene Welt, aus der die Menschen vor langer Zeit am schicksalhaftesten aller Tage vertrieben worden sind.

An diesem Morgen begrüßt mich die Kleine so
stürmisch wie noch nie. Ganz außer sich fliegt sie
durch den Flur, um mich herum, landet mit einem
riskanten Flugmanöver auf meiner Hand und flüstert
mir Zärtlichkeiten zu. Ich gehe mit ihr in den Garten.
Die Morgensonne wirft ihre ersten warmen Strahlen
auf die Blumen vor dem Fenster. Als Mecki angeflogen kommt und auf der Fensterbank landet, ist die
Kleine blitzartig wie ein Gedanke zwischen den Blumen verschwunden.

Mittags essen wir im Garten. Während Andrea
und ich unseren gebratenen Fisch mit Pellkartoffeln
und Spinat verzehren, sucht die Kleine unter dem
Tisch nach Spinnen, Raupen, Würmern und anderen
Leckerbissen. Andreas Angebot, sich noch eine
Weile um die Kleine zu kümmern, ermöglicht es mir,
ins Dorf zu gehen, ohne mich, wie sonst immer,
abhetzen zu müssen.

Tagsüber habe ich sie nie länger als zwanzig Minuten allein gelassen, außer als ich zu Fieties Sommerfest ging. Zwanzig Minuten sind für ein Drosselkind
eine lange Zeit. Nach meinen Erfahrungen lebt ein
Vogel in seinem Alter ungefähr hundertmal schneller
als ein Menschenkind und lernt und erlebt ebenso-
viel schneller. Wenn ich also erst nach zwanzig
Minuten Abwesenheit zurückkomme, entspricht das
einer Trennung zwischen Menschen, die etwa drei-

ßig Stunden lang dauert. Man muß sich vorstellen, daß die Kleine an einem Tag, von Sonnenauf- bis -untergang, mit menschlichem Maßstab gerechnet, drei Monate älter geworden ist!

Vermutlich hat das Zeitgefühl der jungen Singdrossel schon etwas auf mich abgefärbt. Ich muß gestehen, daß zwanzig Minuten ohne die Kleine auch für mich schon endlos lang sind. Nach zwei Stunden, also fast acht Tagen, bin ich glücklich bei ihr und Andrea zurück. Gegen achtzehn Uhr, als sie unruhig wird und so verdächtig oft nach oben guckt, bringe ich sie in ihren Flur. Eben ist sie noch einmal über ihr Tagebuch gelaufen und hat sich mein Gekritzel angesehen. Jetzt sitzt sie auf ihrem Korb und putzt sich für die Nacht.

4. Juli

Heute sprechen wir erst lange miteinander, und sie antwortet mir mit vielen lieben Worten und zärtlichen Berührungen. Später badet sie ausgiebig im Garten, fliegt in die Eibe und putzt sich über eine Stunde. Dann sucht sie in den Blumen nach Insekten und badet in der Sonne. Als sie eine kleine Pflanze aus der Erde zieht, erschrickt sie vor ihren Wurzeln. Ich trage sie jetzt oft durchs Fenster in die Wohnung. Auf dem Weg nach oben ist sie etwas unruhig. Sobald sie jedoch in das Zimmer sehen kann, fliegt sie übermütig hinein und gleich weiter in ihren Flur.

Der morgendliche Empfang der Kleinen wird immer länger, ohne daß sie überhaupt an ihr Frühstück denkt. Ihre Gefühle für mich sind eindeutig stärker als der Hunger. Bei ihr ist die Regel, was bei Menschenkindern eher die Ausnahme ist. Da geht die Liebe, wie das Sprichwort sagt, durch den Magen. Ganz anders bei der Kleinen. Das kann ich mit Bestimmtheit sagen, verschmäht sie doch die leckersten Mehlwürmer, wenn ich ihr einige auf ihren Futterplatz lege und weggehe, und rührt sie nicht eher an, als bis ich wieder zu ihr komme. Selbst Mecki, der Freßsack, hat es so gehalten. Wer würde das von einem Raben erwarten! Darüber, was Menschenkinder über eine Handvoll Süßigkeiten alles vergessen können, möchte ich lieber nicht ausführlicher sprechen! Wenn jemand behauptet, daß Vögel nicht mich, sondern mein Futter lieben, ist das eine vermenschlichende Projektion des eigenen Verhaltens.

Heute morgen fliegt die Kleine von ihrem Schlafplatz auf, sobald sie meine Stimme im Nebenzimmer hört, obwohl es in ihrem Flur noch stockdunkel ist. Schnell gehe ich zu ihr und schalte das Licht an, damit sie wieder landen kann. Sie fliegt auf meine Hand und sieht mich mit ihren tiefdunklen Augen an. Ihr kleiner Körper vibriert vor Freude, und sie singt ein nicht enden wollendes Liebeslied.

Ich komme den Tag über einfach nicht zum Schreiben, es gibt zuviel zu erleben! Manches ist so unbeschreiblich, daß es sich nicht in Worte fassen läßt.

Ein warmer, schwüler Sommertag geht zu Ende. Ich war den ganzen langen Tag mit der Kleinen im Garten. Eben erst, gegen zwanzig Uhr, sind wir ins Haus gegangen. Sie hört aufmerksam zu, als ich zu ihr sage: »Ich gehe eben noch Würmer holen, dort im Wald, wo wir beide waren, als du noch nicht fliegen konntest. Ich komme bald wieder. Dann setze ich mich noch zu dir und schreibe an deinem Buch.«

Noch ahne ich nicht, daß sie diese lange Rede Wort für Wort verstanden hat; daß ich ihr ein Versprechen gegeben habe und daß sie erwartet, daß ich es einlösen werde.

Als ich wiederkomme, sitzt sie auf den Rechnungsbüchern – noch in derselben Haltung, in der ich sie verlassen habe. Jetzt läuft sie zu ihrem Futterplatz, nimmt sich Würmer und Rosinen und setzt sich wie vorher auf die Bücher. Ich begebe mich ins große Zimmer, um zu Abend zu essen. Bald höre ich sie rufen und gehe zu ihr zurück. Sie kommt, vor Freude flötend, auf meine Hand. Sie hat keinen Hunger, hat mich nicht, um Futter zu erhalten, gerufen.

»Was möchtest du denn, meine süße Kleine?«

Sie antwortet leise singend, mit einer so zärtlichen Melodie, wie ich sie im Leben noch nie gehört habe, und ich verstehe zu meinem eigenen Erstaunen genau, was sie sagen will: Sie erinnert mich an mein Versprechen und betont, wie sehr sie auf mich gewartet hat, wie sehr sie sich darauf freut, bei mir zu sein, während ich an ihrem Tagebuch weiterschreibe.

Durch ihre gesungenen Worte und den glücklichen, erwartungsvollen Ausdruck ihres Gesichtes bewegt, antworte ich ihr: »Meine süße Kleine, ich komme jetzt zu dir. Ich hole nur noch das Schreibzeug, dann setze ich mich zu dir.«

Ihre Antwort ist ein einziger Freudengesang, der mir bestätigt, daß wir einander verstanden haben.

»Warte jetzt ruhig hier!«

Sie gehorcht und wartet geduldig, während ich von nebenan das Tagebuch hole. Als ich mich zu ihr setze, läuft sie erst weg, dann zurück und auf das Buch, sieht mich an und erzählt mir, wie glücklich sie ist, mit ihrer Stimme und durch ihre Gesten. Sie ist so dankbar und froh, daß ich endlich zu ihr gekommen

bin, und redet mit mir die ganze Zeit über, währenddessen ich schreibe. Immer wieder kommt sie zu mir,
sieht mir lange ganz still in die Augen, flötet, flüstert,
liebkost mit ihrer zarten Stimme, geht einige Schritte
auf und ab, stellt sich dann wieder vor mich hin und
sieht mir lange in die Augen.

Endlich begreife ich, wie sehr sie mich für voll
nimmt, sie scheint mich wirklich beim Wort und
beim Gedanken zu nehmen!

Eben, es ist gegen zwanzig Uhr dreißig, fliegt sie
durch den Flur und landet irgendwo mit verdächtig
lautem Gepolter. Gleich darauf ruft sie: »Es ist alles
in Ordnung!« Ich brauche nicht nach ihr zu sehen
und kann beruhigt weiterschreiben. Als ich länger
nichts von ihr höre, wird mir die ungewohnte Stille
doch langsam unheimlich, und ich suche nach ihr,

auf dem Schlafkorb, hinter dem Korb, im Korb und sehe mich schließlich im ganzen Zimmer um. Weshalb ich nicht nach ihr rufe, weiß ich selbst nicht so genau, aber das ist jetzt auch gar nicht mehr nötig, denn über mir höre ich sie: »Bin hier!« Sie sitzt auf Erikas Bild mit dem blauen und gelben Fingerhut und hat mir die ganze Zeit lautlos zugeschaut.

Sie fliegt auf die Mehlwurmkiste und schaut mich an. Ich frage sie: »Na, was willst du denn?«

Als Antwort fliegt sie mir auf den Kopf, und mit einem »Es ist alles gut!« fliegt sie zu ihrem Korb, um mir zu zeigen, daß sie nun zufrieden einschlafen kann. Als ich im dunklen Flur an ihr vorbeigehe, sagt sie leise im Schlaf: »Bin hier!«

8. JULI

Als ich gegen sechs Uhr mein Drosselkind wecke, beginnt es sogleich mit einem endlosen Liebesgesang. Sie fliegt auf meine Hand, sieht mich an und singt ganz leise, läßt sich tief in meine Hand nieder und will dort sitzen bleiben. Hunger scheint sie nicht zu haben, sie will nur meine Nähe und endlos lange mit mir sprechen.

Nach unserem gemeinsamen Frühstück gehe ich mit ihr in den Garten. Es ist sehr schwül und warm. Sie badet zwischen Mohn und Kapuzinerkresse in

der schlammigen Pfütze unter dem tröpfelnden Wasserschlauch. Der kleine Vogel und ich verbringen
einen glücklichen Vormittag miteinander, ohne daß
etwas Aufregendes passiert. Sie hüpft hierhin und
dorthin und entdeckt ständig etwas Neues.

Um eins gehen wir in die Wohnung, schließlich
muß ich auch etwas zu Mittag essen. Kurz nach halb
vier zieht wieder ein großes Gewitter auf. Ich nehme
sie mit nach draußen. Beim ersten Donner fliegt sie
erschrocken in mein Zimmer und gleich weiter in
ihren Flur. Als ich hinter ihr hereile, fliegt sie mir auf
den Arm und erzählt ganz aufgeregt, daß – es ist

wirklich schade, daß ich dieses Mal nicht verstehe, was sie sagt! Dieses Gewitter jedenfalls scheint sie nicht zu mögen, soviel bekomme ich gerade noch mit. Ich setze mich zum Schreiben nieder, und sie schläft auf meinem Arm liegend ein. Irgendwann erhebt sie sich, stellt sich auf ein Bein und schläft mit geöffnetem Schnabel weiter. Ihr ist bei der Hitze auf meinem Arm wohl doch zu warm geworden.

Inzwischen ist es zehn Uhr. Die Kleine schläft auf meinem Daumen. Sie flüstert im Schlaf. Was mag sie wohl für Träume haben? Es hört sich so an, als ob sie selbst im Schlaf noch glücklich ist. Sonst will sie immer so hoch wie möglich über der Erde schlafen, aber auf meinem Daumen ist es ihr auch hier unten noch hoch genug.

9. Juli

Wie jeden Morgen ruft sie mich in aller Frühe, bis ich zu ihr gehe. Am späten Morgen fliegt sie durchs Fenster in die Eibe und ist plötzlich sehr ängstlich. Sie warnt und rührt sich nicht vom Fleck. Da fliegt eine Kohlmeise auf sie zu, rempelt sie an und fliegt lachend weiter, während die Kleine ihr Gleichgewicht verliert und auf einen höheren Ast flattert. Daß die Kohlmeise »lachend« weiterfliegt, fällt mir erst beim Schreiben richtig auf. Früher war auch für mich nur ein Gezwitscher der Meise zu hören gewesen. Inzwischen habe ich die lustigen Gesellen kennen- und einen Teil ihrer Sprache verstehen gelernt und sie in meinem kleinen »Wörterbuch der Kohlmeisensprache« festgehalten. Sie erscheinen mir wie kleine Menschen und sind mir buchstäblich ins Herz geflogen.

Zu ihren beliebtesten Spielen gehört es, andere über den Haufen zu fliegen, einfach so, nur zum Spaß. Selbst Mecki haben die kleinen Racker zwar nicht umgeflogen, aber so tief, wie sie sich nur trauten, überflogen – als ganz große Mutprobe vor ihren Freunden. Sie scheinen manchmal sehr wenig »Taktgefühl« zu haben. Deshalb hat Mecki die albernen Kerlchen, im Gegensatz zur Kleinen, wohl auch nicht ganz für voll genommen. Nie hätte es sich ein Meisenmann getraut, Mecki anzurempeln, und wenn es ihn auch noch so sehr in den Federn gejuckt hätte. Der wäre dann auch von Mecki, in vollem Einvernehmen mit der ganzen kleinen Meisenbande, für total verrückt erklärt worden.

Aber die Kleine, die doch fast noch ein Baby ist, umzufliegen, ist sicher keine Heldentat. Überhaupt, was hat sich die Meise eigentlich dabei gedacht? Die Kleine hat gewarnt: »Ich habe Angst vor einem Feind!« Wahrscheinlich ist Mecki damit gemeint gewesen, dessen Stimme sie ebenso wie die Meise mit ihrem feinen Gehör wohl aus mehr als zwei Kilometer Entfernung gehört hat. Hat die Meise die überängstliche Kleine nur auslachen wollen, oder wollte sie ihr sagen: »Sitz nicht da und hab Angst, versteck dich lieber schnell!«? Die kleine Drossel hat sich dann auch sofort versteckt, und zwar so gut, daß ich vierzig Minuten lang nach ihr rufen mußte, bevor sie zu mir auf die Hand geflogen kam.

Bald darauf, gegen elf Uhr, landet Mecki dann tatsächlich in dem alten Kirschbaum. Sofort versteckt sich die Kleine erneut, diesmal in den Blumen, warnt in längeren Abständen und wagt sich nicht von der Stelle. Keiner der vielen Vögel in der Nähe des Hauses hat Angst vor Mecki, im Gegenteil. Alle Vögel kennen ihn und sehen in ihm eher einen Beschützer als einen Feind. Er genießt bei den Vögeln in der gesamten Umgebung großes Ansehen. Wie oft hat er unerschrocken gegen mehrere Bussarde gleichzeitig gekämpft, bis sie vor seinen wütenden Angriffen das Weite suchten! Der kleine Fliegenschnäpper und manch anderer Vogelwinzling flogen an seiner Seite und haben mit ihm todesmutig gegen den übermächtigen Feind gestritten! Immer wieder erlebe ich, wie Vögel ihn respektvoll, fast könnte man sagen: mit Ehrerbietung begrüßen und wie er diesen Gruß mit einem freundlichen Blick entgegennimmt. Ganz gewiß weiß auch die Kleine, daß Mecki kein Feind für sie ist. Um wieviel mehr muß sein strafender Blick ihre zarte Seele damals getroffen haben!

Heute hat die Arme viel zu leiden. Ängstlich hockt sie in der Kapuzinerkresse, während Mecki über sie

hinweg in mein Zimmer fliegt. Nach einer Weile
kehrt er mit dem Schnabel voller Rosinen in den
Kirschbaum zurück und versteckt seine kleine Beute
in einem Astloch. Weil ich ihn dabei beobachtet
habe, holt er sie einzeln wieder heraus und deponiert
sie an einer anderen Stelle. Dann fliegt er wieder ins
Zimmer und kommt mit einem Stück Käse heraus.
Auch der muß heimlich versteckt und wieder und
wieder umversteckt werden, denn irgend jemand hat
wieder einmal zugeguckt. Mecki hat es wirklich
schwer, in diesem Garten ein geheimes Versteck zu
finden, und die arme Kleine muß ganze anderthalb
Stunden warnen und Angst haben. Um die Mittags-
zeit kann sie endlich aufatmen, Mecki hat sich für
heute verabschiedet.

Gegen fünfzehn Uhr will ich sie durchs Fenster ins
Zimmer tragen. Damit ist sie aber gar nicht einverstanden und fliegt wieder raus in die Eibe. Sie saust
wild umher, zu mir zurück und weiter, hoch in die
großen Bäume über der Auffahrt.

Ich will sie gerade rufen, da kommt Hans, der
Künstlerkollege, die Auffahrt hoch. Ich muß mir
seine Schätze ansehen, die er auf dem Weyerberg

gefunden hat: einige Bier- und Limonadedosen, zwei Weinflaschen, Butterbrotpapier, einen Fahrradklingeldeckel, ein Plastikfeuerzeug, eine Handvoll Kronkorken, eine Mc-Donald's-Verpackung und eine benutzte Pampers.

»Die muß noch gut gelüftet werden«, versichert er mir, »bevor die zu einem Kunstwerk verarbeitet werden kann! Ich weiß auch schon ungefähr, wie es dann heißen soll: ›Fundsachen‹ oder ›Was Touristen in Worpswede verloren haben!‹.« Zufrieden mit sich und seinem »Schatz«, macht sich Hans auf den Weg nach Hause, während ich die Kleine rufe.

Tannenmeisen, Kohlmeisen und Grünfinken zwitschern um mich herum. Durch das Stimmengewirr glaube ich, eine vertraute Stimme zu hören, und folge ihr. Als ich die Kleine in der Eibe entdecke, kommt sie sofort zu mir auf die Hand geflogen, und ich gehe mit ihr vorsichtshalber durch die Haustür rein. Ein starker Regen setzt ein, und es donnert fürchterlich.

Augenblicklich fliegt die Kleine vom Flur in mein Zimmer, stellt sich auf die Fensterbank und schaut ängstlich warnend in den trommelnden Regen. Ich nehme sie in meine Hand, trage sie in den Flur und schließe die Tür. Sie beruhigt sich sofort wieder, setzt sich auf meine Hand und fängt an, sich zu putzen, während ich an ihrem Tagebuch schreibe. Nach einer Weile setzt sie sich vor mich hin und singt ein kleines Lied für mich.

Nachmittags ist sie wieder im Garten. Ich sitze in ihrer Nähe und wundere mich sehr, als ich sehe, wie sie ein langes Grasblatt verschluckt. Plötzlich flüchtet sie wegen einiger aufgeregter Grünfinken in die Eibe. Sie kommt regelmäßig von irgendwoher zu mir geflogen. Auf meine Hand will sie aber nicht; sie fürchtet wohl, daß ich dann mit ihr ins Haus gehen könnte.

Ob sie heute zum ersten Mal draußen im Garten schlafen will? Lange kann es nicht mehr dauern, aber noch ist sie nicht erfahren genug, als daß ich es mit ruhigem Gewissen zulassen könnte. Katzenpfoten und Menschenfüße sind für die arglose Kleine eine zu große Gefahr!

Gegen sieben kommt sie endlich mit in ihren Flur. Nun gefällt es ihr offensichtlich in der Wohnung, und sie singt mir ständig kleine Lieder vor. Während ich in meinem Zimmer zu Abend esse, steht sie am geschlossenen Fenster und sieht äußerst interessiert durch die Scheibe nach draußen. Etwa um zweiundzwanzig Uhr wird sie sehr unruhig, will wohl nach draußen, versucht aber nicht, durch die Fensterscheibe zu gelangen. Ich nehme sie auf meinen Arm, und während ich mit ihr in den Flur gehe, erzählt sie mir fröhliche Geschichten.

Bevor ich noch einmal für zehn Minuten ohne sie in mein Zimmer gehe, sage ich ihr, daß ich gleich zu ihr zurückkomme. Als ich die Tür öffne, hat sie auf dem Sekretär neben der Tür auf mich gewartet und

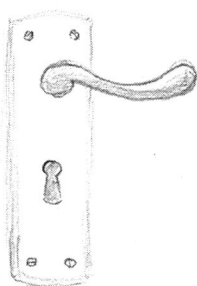

begrüßt mich mit einem Freudengesang, wobei sie ganz aufgeregt auf meine Hand springt. Bei ihrem stillen, zurückhaltenden Wesen sind Freudenausbrüche dieser Art gewaltig. Die vielen Freudentänze, bei denen sie irgend etwas, einen Bleistift, ein bißchen Erde, ein Blatt oder einen Grashalm mit dem Schnabel ergreift und übermütig in die Luft wirft, wenn sie sich plötzlich über meine Gegenwart freut, versuche ich gar nicht erst zu beschreiben. Was sind schon geschriebene Worte, wenn es um die Gefühle einer verliebten Singdrossel geht!

Inzwischen ist es dreiundzwanzig Uhr. Die Kleine hat sich zum Schlafen auf ihrem Korb niedergelassen, und ich sehe mir im Nebenzimmer einen Film über Elvis Presley an. Jetzt höre ich durch die Klänge der lauten Musik einen ganz leisen, aber eindringlichen Ton: »Sit, sit, sit!« – »Komm sofort!«

Als ich die Flurtür öffne, fliegt mir ein verängstigter Vogel auf die Hand und will mir etwas Wichtiges sagen. Statt richtig zuzuhören, versuche ich sie zu beruhigen. Das nützt aber nichts, im Gegenteil, sie springt auf den langen Tisch, wieder auf meine Hand, hin und her. Endlich verstehe ich, was sie mir mitteilen will: »Du mußt schnell etwas tun!«

Verwundert frage ich sie: »Was soll ich denn tun, Kleine?«

Sofort läuft sie auf das ihr gegenüberliegende Ende des Tisches zu, macht einen ängstlichen Luftsprung zurück, läuft wieder vor, springt erneut zurück, und jetzt sehe ich endlich den Grund ihres Entsetzens: Eine schrecklich gefährliche, gelb-braun gestreifte Wespe belauert ihr Opfer am anderen Ende des Tisches.

Ich staune wirklich! Der Vogel hat mich tatsächlich in einem Notfall zu Hilfe gerufen! Jetzt, als ich die Wespe sehe, beruhigt sich die Kleine sehr schnell und beobachtet, wie ich ein Buch nehme und die Wespe zerdrücke. Da fliegt sie direkt in ihren Korb und ist nicht mehr zu sehen. Das tut sie sonst nicht, merkwürdig! Als ich das große Licht ausmache und ihr sage, daß wir bald schlafen müssen, fliegt sie auf den Korbrand; sie ist sehr still, während ich das heute gemeinsam Erlebte aufschreibe, und fängt erst jetzt an, sich für die Nacht zu putzen.

Warum hat sie sich in dem Korb versteckt? Sicher nicht vor der Wespe, sie hat ja gesehen, daß sie tot ist. Doch nicht etwa vor mir? Wie viele Spinnen, Raupen, die einmal ein Schmetterling werden sollten, wie viele Regenwürmer, die ihr Leben unter der Erde nicht verlieren wollten, habe ich schon getötet, um einem Vogel das Leben zu erhalten! Dieser Mord aber war ganz unnötig. Es wäre so einfach gewesen, die kleine Wespe in einem Glas zu fangen und in den Garten zu bringen, wo sie in Frieden hätte weiterleben können! Ich werde ganz traurig über mich und schäme mich sehr vor der Kleinen. Auch eine Wespe hat, genau wie ich, nur ein Leben.

An diesem Morgen fliegt meine Kleine durchs Fenster in die Blumen. Später sehe ich sie im Erdbeerbeet vor der Haustür, wo sie eine leere Eichelschale gefunden hat und versucht, diese erst an der Hauswand, dann auf einer Gehwegplatte, an einem Feldstein und schließlich an der Felge eines Fahrrads zu zerschlagen. Es scheint wohl wieder eine Verwechslung mit einer Schnecke vorzuliegen. Anschließend hüpft sie in die Blumen und versteckt sich dort, als Mecki in mein Zimmer fliegt.

Mittags kommt ein schreckliches Ungeheuer tief über den Weyerberg geflogen. Seine eisernen Flügel zerhacken die Luft und schleudern immer lauter werdende Donnerschläge in diese friedliche Welt. Von entsetzlicher Angst gejagt, fliegt die Kleine laut schreiend auf und davon. Um mich herum schreien und flattern die Vögel, verletzen sich an Ästen, die sie in ihrer Panik übersehen, und mit lautem Schlag stirbt eine Taube an einem Fenster unseres Hauses. Noch lange, nachdem der Todesvogel sein mörderisches Werk vollbracht hat und weitergeflogen ist, schweigen die vor Schreck erstarrten Tiere in Garten und Wald, ehe sich die Totenstille langsam wieder mit verängstigten Vogelstimmen belebt.

Als heute morgen die aufgehende Sonne ihre ersten warmen Strahlen zur Erde schickte, saß ein verliebtes Taubenpaar auf einem niedrigen Ast der alten Eibe in zärtlichem Beisammensein. Jetzt beerdige ich vor den Augen der trauernden Geliebten den leblosen Körper ihres Gefährten unter diesem Ast. Stumm sitzt sie, als es zu dunkeln beginnt, noch immer über dem Grab ihres toten Freundes.

In den nächsten Tagen sitzen Andrea und ich des öfteren lange Zeit unter der alten Eibe, ganz nah dem Vogel mit den traurigen Augen.

Fünfzehn Uhr. Die Kleine ist von ihrem Schreckensflug noch nicht zurückgekehrt. Ich suche sie verzweifelt, im Garten, im Wald und auf dem weiten Maisfeld. Keine Kleine weit und breit. Gegen sechzehn Uhr fahre ich nach Osterholz, um dringend benötigte Mehlwürmer und Weichfutter zu holen. Ich beeile mich sehr und komme nach einer knappen Stunde zurück. Die Kleine ist immer noch nicht da. Hoffentlich ist ihr nichts geschehen, und hoffentlich traut sie sich überhaupt zu dem Ort des Schreckens zurück! Wer weiß, ob der Todesvogel nicht schon wieder zu einem neuen Schreckensflug gestartet ist!

Zwei Stunden ist die Kleine nun schon weg. Langsam mache ich mir wirklich Sorgen und Vorwürfe, daß ich weggefahren bin. Sie ist nirgends zu entdekken. In den Blumen finde ich eine Feder von ihr, sollte das ihr letztes Geschenk an mich sein?

96

Wieder gehe ich rufend durch Garten und Wald. Da schleicht eine Katze durchs Unterholz. Ich muß an den armen Fussel, einen jungen Star, denken, dessen fröhliches Leben in den Krallen einer Katze sein frühes Ende fand. Ich gehe noch einmal ums ganze Grundstück, suche sogar auf der Straße nach ihr und komme um achtzehn Uhr hoffnungslos und traurig zurück. Ich nehme ihr Tagebuch und gehe in den Garten. Hier setze ich mich in die Abendsonne, um das letzte Erlebnis mit meiner Kleinen aufzuschreiben und auf sie zu warten, bis es Nacht geworden ist.

Ich bin gerade dabei, das traurige Schicksal der beiden Tauben zu beschreiben, da höre ich durch all die Vogelstimmen ihr vertrautes »Sit« aus dem Wald. Wie ein Pfeil kommt die Kleine auf mich zugeschossen, und ich weiche unwillkürlich zurück, um den Aufprall auf meiner Brust zu mildern. Es sieht wirklich so aus, als wolle sie sich an mir zu Tode fliegen. Pfeifend rauschender Flügelschlag streift mein Ohr. Sie ist mir gerade noch ausgewichen, fliegt eine enge Kurve um mich herum und landet mit sich vor Freude überschlagender Stimme auf meiner Hand. Auf dem Weg zum Haus sagt sie mir viele Male, wie glücklich sie ist, ohne sich von den verwunderten Blicken der anderen Vögel stören zu lassen.

Sie interessieren sich sehr für die eigenartige Freundschaft zwischen der Kleinen und mir. Oft kommt ein Vogel ganz nah zu uns heran, sieht sich

97

genau an, was wir miteinander tun, und äußert seine Meinung dazu, die ich leider nicht, noch nicht, verstehe. Als ich vorhin die Kleine im Garten gesucht und nach ihr gerufen habe, haben mir oft fremde Vögel geantwortet. Sie fühlten sich angesprochen und kamen in meine Nähe. Als ich sie nach der Kleinen fragte, sind einige davongeflogen, andere näherten sich mir mit unverständlichen Lauten, manche flogen fast auf meine Hand. Schon lange scheinen die Kleine und ich Tagesgespräch in der Vogelwelt zu sein.

Während ich diese Zeilen schreibe, sitzt der von dem schrecklichen Abenteuer erschöpfte Vogel auf meiner Stuhllehne, das Köpfchen unter dem Flügel, und schläft. Ich halte meinen einzigen Kontakt zur Menschenwelt über den Fernseher aufrecht und esse dabei Abendbrot. Sowie ich wieder zu ihr gehe, fliegt sie auf den Boden, verharrt vor dem Mehlwurmkasten und sieht mich vielsagend an. Als ich zu ihr sage: »Ja, du bekommst noch Mehlwürmer«, springt sie aufgeregt auf den Kastendeckel und läßt sich mit ihm zur Seite heben. Ich gebe ihr drei Mehlwürmer und lege den Deckel wieder auf den Kasten. Jetzt weiß sie, daß sie keine Würmer mehr bekommt, und läuft zu dem Schälchen mit Vogelkinderbrei. Mir fliegt etwas auf den Arm, es ist wohl eine Fliege, ich schüttele sie ab, aber sie bleibt auf dem Arm sitzen. Mich ergreift eine leichte Panik, und ich schlage instinktiv nach ihr. Ich treffe gut, doch was ist das? Sie fliegt unversehrt auf und davon. Fast gleichzeitig fliegt die Kleine schreiend in den Flur und zu mir zurück. Jetzt sitzt sie vor mir und sieht mich mit ängstlichen Augen hilfesuchend an. So habe ich sie nur einmal schreien gehört: Als der Todesvogel über ihr war!

Sie rührt sich nicht. Als ich sie frage: »Kleine, was ist denn mit dir?«, antwortet sie mit einem leisen Zucken ihrer Flügel. Im gleichen Augenblick huschen zwei dunkelbraune Flecken über ihren Rücken und tauchen im Gefieder unter. Todesboten in Gestalt kleiner gepanzerter Ungeheuer – ihre wissenschaftliche Bezeichnung lautet *Lynchia maura* – haben sich meine Kleine als Opfer ausgesucht! Wenn ihn viele heimsuchen, geht ein Vogel an den blutsaugenden Bissen dieser fliegengroßen Insekten qualvoll zugrunde. Jetzt hat auch mich die kalte Angst gepackt, aber ich versuche mich sofort wieder zu beruhigen. Es geht um das Leben der Kleinen, und es ist keine Minute mehr zu verlieren.

Wenn ich mir die Kleine mit diesen Fliegen in meiner Größe vorstelle, sind sie einem ausgewachsenen Krebs ähnlich, nur ganz platt und mit durchsichtigen Flügeln. Wie ein Krebs können sie auch seitwärts und rückwärts laufen. Dabei haben sie keine Scheren, aber an allen sechs Beinen große, gebogene, zugespitzte Zangen. Der Kopf endet in einem harten, spitzen Rüssel, den sie tief in das Fleisch ihres Opfers bohren, um sein Blut zu saugen. Wenn sich nur eine dieser schrecklichen Fliegen an mir verkrallt und verbissen hätte und ich mich nicht von ihr befreien könnte, würde ich wohl auch schreiend durch die Gegend rennen. Und wie viele dieser mörderischen Blutsauger mögen sich wohl unter den Federn meiner Kleinen versteckt halten?

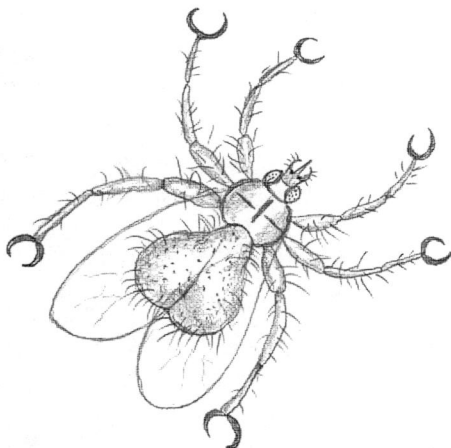

Ich muß ganz schnell etwas tun, aber was? Noch halb gelähmt vor Grauen, Ekel und Angst, versuche ich mich zu konzentrieren und sage zur Kleinen, die ganz hilflos vor mir steht: »Komm in meine Hand, ich werde die Fliegen fangen.«

Während sie sich in meiner Hand niedersetzt, richte ich mit der Pinzette die Federn auf ihrem

Rücken vorsichtig auf. Da, jetzt kommt eine Fliege zum Vorschein! Ehe sie wieder verschwindet, kann ich sie gerade noch am Flügel packen. Augenblicklich krallt sie sich an einer Feder fest und versucht zu entkommen. Dabei entgleitet ihr Flügel unglücklicherweise dem Griff der Pinzette, und ich muß tatenlos zusehen, wie sie in den Federn der Kleinen wieder untertaucht.

Eine zweite Fliege krabbelt über ihren Rücken. Als ich sie an ihrem Körper zu packen versuche, weicht sie der Pinzette so schnell aus, daß ich nur noch eine Feder der Kleinen zu fassen bekomme. Eine andere fliegt mir auf den Arm, läuft blitzschnell unter meine Hand, und als ich sie wende, fliegt sie zur Kleinen zurück. Es ist zum Verzweifeln! Was soll ich bloß machen?

Zweimal ist eine Fliege auf meinen Arm geflogen. Vielleicht hat sie meine Körperwärme angelockt. Rasch ziehe ich mir das Hemd aus, setze mich dicht vor die arme Kleine und lege meine Finger seitlich unter ihre Flügel. Da läuft mir etwas über Hand, Arm und Schulter auf den Rücken. Mich gruselt! Es fühlt sich an, als ob das Böse selbst über meinen Körper läuft. Ich unterdrücke Widerwillen und Ekel, jetzt geht es nur noch darum, den bedauernswerten Vogel von dem Scheusal zu befreien. Schnell eile ich ins Badezimmer. Da fliegt das Insekt auf den Spiegel und versteckt sich hinter dem Glas. Es ist hoffnungslos. Wenn uns doch nur jemand helfen könnte!

Natürlich, Andrea kann uns helfen! Als ich sie im Atelier anrufe, verspricht sie, sofort zu kommen.

Die Kleine sitzt, in ihr Schicksal ergeben, ruhig auf ihrem Platz und wartet darauf, daß ich mich wieder zu ihr setze. Während ich ihr gut zurede, landet eine Fliege auf meinem Rücken. Einer Eingebung folgend, klettere ich durchs Badezimmerfenster nach draußen in die Nacht. Beim Fensterschließen wende ich meinen Rücken ins Licht. Ich habe gemerkt, daß diese Fliegen das Licht scheuen. Tatsächlich läuft sie mir auf den Bauch, und ich kann sie endlich zwischen Daumen und Zeigefinger fangen. Nach dem gemeinen Wespenmord hatte ich mir vorgenommen, allen Geschöpfen mit Ehrfurcht zu begegnen, selbst wenn sie mir fremd und zuwider sind. Auch diese Fliege zwischen meinen Fingern ist ein Geschöpf Gottes, aber in diesem Augenblick bin ich nicht ihr Freund.

Die Fliege sicher zwischen meinen Fingern gefangen, lasse ich Wasser ins Waschbecken fließen, tauche sie ein und gebe sie erst unter Wasser wieder frei. Wild rudernd versucht sie zu entkommen. Umsonst! Zwischen meinem Daumennagel und dem Becken findet sie ein schnelles Ende. Ohne alle Skrupel zerdrücke ich dieses blutsaugende Folterinstrument zwischen meinen Fingern. Es soll die arme Kleine und auch keinen anderen Vogel mehr zu Tode quälen!

Jetzt endlich kommt Andrea. Sie nimmt die widerstrebende Kleine in die Hand und versucht die Quälgeister in ihrem Gefieder zu finden. Aufmerksam verfolgt der Vogel mit wachen Augen, wie Andrea sein Federkleid durchwühlt. Nach langem Suchen gelingt es Andrea, eine Fliege zu erwischen. Als eine zweite Fliege über ihren Rücken läuft, schnappt die Kleine zu, erwischt sie tatsächlich und verschluckt sie schnell. Einen Vogel festzuhalten, zu zwingen, ihn ohne seine ausdrückliche Zustimmung anzufassen oder auch nur in seine Nähe zu kommen, das sind feindliche, bedrohliche und entwürdigende Handlungen. Daß sich die Kleine das alles überhaupt und dann auch noch so lange von Andrea nur leicht protestierend gefallen läßt, ist mehr als erstaunlich. Ihr Vertrauen in das, was wir mit ihr machen, muß ungeheuer groß sein! Während es überall krabbelt, zwickt und beißt, wird sie auch noch durch Andreas Hand umklammert, in ihrer Bewegungsfreiheit vollständig eingeengt. Und sie protestiert nur etwas, bittend, und hält still! Wenn ich daran denke, wie ich mich einmal vor langer Zeit angestellt habe, als ich mich auf einen Ameisenhaufen gesetzt hatte! Und wenn ich mir vorstelle, daß mich auch noch jemand umklammert gehalten hätte! Der kleine Vogel ist einfach unglaublich in seinem Vertrauen und seiner Selbstbeherrschung.

Als Andrea die Ärmste endlich wieder freigibt, es ist schon Mitternacht, fliegt sie müde und erschöpft auf ihren Korb und schläft bald ein. Glücklicherweise fängt Andrea auch noch die Fliege, die sich hinter dem Spiegel versteckt hat. Nun haben wir schon vier dieser gräßlichen Miniaturungeheuer gefangen, aber wie viele mag die Kleine wohl noch an ihrem Körper haben?

11. Juli

Als ich heute morgen aufwache, glaube ich schlecht geträumt zu haben. Langsam dämmert es mir, daß der Alptraum Wirklichkeit ist, und ich gehe noch ganz verschlafen zur Kleinen, um zu sehen, wie es ihr geht. Sie kommt mir entgegengeflogen, setzt sich auf meine Hand und erzählt mir von ihrer Nacht. Genau verstehe ich nicht, was sie sagt, aber ich fühle, daß ein Schatten der Angst auch auf ihrer Seele liegt. Ich verspreche ihr, sie von den Plagegeistern zu befreien, aber noch leidet sie furchtbar unter deren Bissen.

Also setze ich sie vor mich auf unseren Schreib-platz, ziehe mein Hemd aus und untersuche ihr Gefieder. Sie bleibt ganz ergeben stehen, ohne daß ich sie festzuhalten brauche, läßt mich ihre Flügel lüften und in ihren Federn wühlen. Jetzt löst sich eine Fliege von ihrer Brust, und ich kann sie an meinem Körper fangen. Zwei anderen gelingt es, wieder im Gefieder unterzutauchen. Während sie sich, statt zu fliehen, leicht gegen den Druck meiner Finger und der Pinzette stemmt, beobachtet die Kleine genau, was ich tue. Nach dieser unangenehmen Prozedur fliegt sie durchs offene Fenster in den Garten und badet ausgiebig in der Pfütze unter dem tropfenden Wasserschlauch.

Am Nachmittag versuchen Andrea und ich gemeinsam die gräßlichen Fliegen zu fangen. Die Kleine verhält sich großartig und läßt sich auch von Andrea die Federn aufrichten, ohne zu protestieren oder einfach wegzufliegen. Wir suchen lange, ohne Erfolg.

Um halb sechs gehe ich ins Dorf. Als ich nach einer Stunde wiederkomme, liegt das Drosselkind auf der Wümmezeitung und schläft. Zur Begrüßung sieht es mich nur müde an und schläft gleich wieder ein. Was ist denn mit der Kleinen los? Hat das Gift der Blutsauger sie so krank gemacht, daß es ihre Lebensgeister schon zu lähmen beginnt? Vorsichtig setze ich mich vor sie hin und rede ganz leise zu ihr. Mir ist dabei richtig übel vor Sorge. Sehen ihre geschlossenen Augen vielleicht schon die Umrisse einer anderen Welt? Breitet sie schon ihre Flügel aus für den letzten, den geheimnisvollsten Flug?

Noch atmet ihr kleiner Körper Leben. Wenn ich zu ihr spreche, versuche ich meine Angst zu verbergen, aber ich weiß, daß sie ihre Seele längst berührt hat. Jetzt öffnet sie die Augen, erhebt sich von ihrer Zeitung, geht auf mich zu und setzt sich auf meine Hand. Sie sieht mich schweigend an. In ihren Augen löst sich meine tiefe Angst, ihr Blick nimmt mir diese unheimliche Lähmung von Körper und Seele. Ich wollte den armen Vogel trösten, dabei ist er es, der mich von meiner Furcht befreit. Ich erlebe, daß seine stumme Sprache noch viel geheimnisvoller ist, als ich bisher nur geahnt habe, vor allem seine dem Menschen ganz unbekannte Kraft und Stärke, die in der Tiefe seiner Seele zu ruhen scheint. Ist es Ehrfurcht, ist es Liebe, die ich für diesen Vogel jetzt empfinde? Es ist ein mir unbekanntes, unbeschreibliches Gefühl, für das die Menschensprache keine Worte und die Menschenseele kein Verständnis hat. Mit meiner Stimmung hat sich auch mein Verhältnis zu dieser Singdrossel verändert: Bisher glaubte ich, mit ihr ungefähr auf einer Stufe zu stehen. Jetzt ahne ich, daß sie mir deutlich überlegen ist. Ihre Augen haben mir etwas vermittelt, etwas, das meine Angst um ihr Leben von mir genommen hat. Dabei ist sie ein besonders ängstlicher Vogel, immer auf der Hut, bereit, bei der geringsten Gefahr sofort zu fliehen. Sie hängt an ihrem Leben, das sie mit äußerster Wachsamkeit behütet und beschützt.

Doch verborgen unter ihrem ängstlichen Wesen liegt noch etwas ganz anderes, das mir eben in ihrem tiefen Blick sichtbar wurde. Ich hatte das Gefühl, einer ganz furchtlosen Seele zu begegnen, einer Seele, die mir sagt, daß sie ihren Weg ins Jenseits kennt. Mir ist, als wüßte sie um eine Welt, welche die Menschen seit ewigen Zeiten vergeblich zu ergründen suchen, als hätte ich eben durch ihre Augen über das irdische Leben hinausgeschaut. Ich habe einen Flügelschlag dieses geheimnisvollen Fluges als tiefe Liebe und unendliches Erstaunen erlebt. Mit einem leisen »Tschüb« beendet die Kleine unser stilles Gespräch und holt mich in die äußere Wirklichkeit zurück. Sie bleibt auf meiner Hand sitzen, während ich mit ihr zur Einkaufstasche gehe. Ich habe meiner Kleinen zum ersten Mal Blaubeeren mitgebracht und lege ihr einige davon auf den Futterplatz. Mit einem Satz ist sie dort, betrachtet die Beeren eingehend, nimmt eine in den Schnabel, prüft neugierig das unbekannte Aroma, bevor sie die unbekannte Beere verschluckt. Dann probiert sie eine zweite, um das kleine Mahl mit einem Regenwurm zu beschließen. Für alle Fälle setze ich mich noch einmal mit freiem Oberkörper zusammen mit ihr an unseren Schreib-platz und suche lange, aber vergeblich nach den Fliegen.

Als ich um halb acht zu ihr gehe, begrüßt sie mich wieder fröhlich, ißt Mehlwürmer und Blaubeeren und fliegt auf meine Hand. Als ich ihr leise sage, wie lieb ich sie habe, antwortet sie ganz glücklich und läßt sich sachte auf meiner Hand nieder. Zärtlich flüsternd schläft sie langsam ein. Immer wieder gibt sie, ganz leise, liebe Worte von sich. Selbst im Schlaf ist sie mir so nahe, daß sie im Traum noch mit mir spricht.

Es ist noch hell, als sie vorerst ausgeschlafen hat. Sie ißt drei Mehlwürmer und einen Regenwurm und läßt einen Klecks in ihr Tagebuch fallen. Dann ordnet sie das von mir durcheinandergebrachte Federkleid, während ich in den Garten gehe. Das weite Land leuchtet im hellen Licht der Abendsonne. Gebannt erlebe ich, wie sie langsam untergeht, und dankte ihr für diesen wundervollen Tag, in den sich aber immer noch die Sorge um die Kleine mischt.

Als ich die Haustür öffne, fliegt mir die Kleine auf die Hand, läßt sich dort nieder und zwitschert ganz zärtlich. Aus ihrem Blick leuchtet eine unglaubliche Nähe. Ähnliche, aber auch nur entfernt ähnliche Gefühle habe ich auch bei Menschen schon erlebt. Das waren allerdings ganz seltene, ganz besondere Stunden, an denen Menschen zu vergleichbar zarten, reinen Gefühlen fähig waren.

Nach dem Frühstück fliegt die Kleine auf die Fensterbank, ruft und bittet mich, mit ihr in den Wald zu fliegen. Oft schon, wenn sie losfliegen wollte, hat sie mich aufgefordert, ihr zu folgen. Dieses Mal bittet sie lange und nachdrücklich, bevor sie, sicherlich sehr enttäuscht, allein in den Wald fliegt. Sonst erfülle ich alle ihre Wünsche, aber ihrem sehnlichsten Wunsch, einmal mit ihr durch die Lüfte zu schweben, bin ich, für sie bestimmt völlig unbegreiflich, nie nachgekommen. Dabei hat sie mir immer wieder so begeistert davon erzählt, wie schön es ist, zu fliegen und sich schwerelos dahintreiben zu lassen.

Ob die Kleine wohl weiß, wie gerne ich mit ihr fliegen würde? Sicherlich wird sie darüber sehr traurig sein, daß ich so völlig erdgebunden bin und sie das Schönste , das es für ein lebendiges Wesen gibt, ohne mich erleben muß! Ich stelle ihre Liebe auf eine harte Probe, und da mir so bald wohl keine Flügel wachsen werden, wünsche ich dem verliebten Drosselmädchen beinahe schon, daß sie mich, damit sie nicht noch ganz unglücklich wird, bald verläßt!

Um vierzehn Uhr kehrt sie endlich zurück und freut sich unbändig, mich wiederzusehen. Viel Eßbares scheint sie nicht gefunden zu haben, denn sie holt sich sogleich eine reichliche Mahlzeit Regenwürmer aus dem Honigglas. Und schon wieder erspähe ich eine dieser gräßlichen Fliegen auf ihrem Rücken. Blitzschnell fängt die kleine Singdrossel sie mit dem Schnabel und verschluckt sie. Ganz so wehrlos, wie ich dachte, scheint die Kleine wohl doch nicht zu sein.

Kurz nach sechzehn Uhr wühlt sie in den Blumen, während ich mich auf einen Gartenstuhl in ihrer Nähe setze.

Scheinbar ziellos spaziert der kleine Vogel zwischen den Blumen, hüpft auf den großen Stein neben der Badepfütze und prüft die nähere Umgebung äußerst aufmerksam. Zwischendurch schaut er zu mir herüber. Was er vorhat, erkenne ich nicht, nur daß ihn etwas ganz anderes als die Futtersuche zu interessieren scheint. Plötzlich hüpft er ins Gras, hebt ein Blatt auf, läßt es wieder fallen, nimmt zwei lange dünne Gräser mit dem Schnabel auf, läuft einige Schritte, wobei er das eine wieder fallen läßt und das andere eingehend untersucht, indem er es mit dem Schnabel abtastet. Nach langem vergeblichen Bemühen gelingt es ihm schließlich, das gerade gewachsene Blatt zu einem Oval zu biegen und mit dem Schnabel zu halten. Während ich mich frage, was die Kleine eigentlich im Sinn hat, trippelt sie einige Schritte auf mich zu, fliegt auf mein Knie, sieht mich an und legt mir ihr Gebinde ganz behutsam in die Hand. Ich weiß überhaupt nicht, wie mir geschieht! Soll das womöglich ein förmlicher Heiratsantrag sein?

Nachdem ich meiner Kleinen gesagt habe, wie

glücklich ich über ihr großartiges Geschenk bin, fliegt sie voller Tatendrang zurück in die Blumen, um in ihrer Schlammpfütze zu baden. Als die Kleine ihr Gefieder sorgfältig geordnet und getrocknet hat, macht sie Anstalten, durchs Fenster in mein Zimmer zu fliegen. Dabei umfliegt sie mich mehrmals, sie möchte wohl, daß ich mit ihr komme. Froh darüber, ihr wenigstens diesen Gefallen tun zu können, nehme ich sie auf meine Hand und klettere mit ihr durchs Fenster ins Zimmer. Darauf fliegt sie in den Flur und sucht sich Regenwürmer aus einer mit Erde gefüllten Tonschale, durch die ich das Honigglas inzwischen ersetzt habe.

Etwa um dreiundzwanzig Uhr höre ich die Kleine, die schon geschlafen hat, schimpfen. Ich eile sofort zu ihr in den Flur, und sie kommt mir aufgeregt auf die Hand geflogen. Ich höre ein Summen, bemerke, wie etwas auf dem Tisch landet, und zerdrücke das Ungeheuer mit dem Tagebuch. Nachdem sich die Kleine beruhigt hat, fliegt sie auf ihren Schlafkorb, während ich das Tagebuch vorsichtig von dem Opfer meiner Gewalttat nehme. Vor mir liegt der tote Körper einer ganz harmlosen Schwebefliege. Der »genormte« Durchschnittsmensch in mir war wieder einmal schneller! Sitzt meine primitive Erziehung denn wirklich so tief, daß ich sie nicht mehr abschütteln kann?

Gedankenloses, sinnloses Morden scheint ein fester Bestandteil des Verhaltens »zivilisierter« Menschen geworden zu sein.

Zu Hunderttausenden werden Tiere zum Schießvergnügen für europäische und amerikanische Jäger — mit dem Tarnnamen »Heger und Pfleger« — gezüchtet. Zahme Tauben, Fasane, Enten, Löwen gehören zu den traurigen Opfern ihrer Mordschützenmentalität. Stierkämpfe, Hahnenkämpfe, Hundekämpfe, die grausame englische Fuchsjagd, die berühmten isländischen Lustmord-Volksfeste, bei denen sich auch zahlreiche Kinder an den furchtbaren Todesqualen einer ganzen Herde tödlich verstümmelter Delphine weiden, und viele andere Untaten sind Etappen auf dem blutigen Weg abendländischer »Menschlichkeit«, deren Seitenpfade sich in nordischen Nerzfarmen, in Tierfabriken, die für die Tiere eine unvorstellbare Qual bedeuten, verlieren. Die Menschen sollten endlich begreifen, daß sie damit der Schöpfung selbst den Krieg erklärt haben und schließlich den Untergang allen Lebens auf diesem wunderbaren Planeten herbeiführen werden.

Arme kleine Schwebefliege! Du mußtest sterben, damit ich meinen dummen Kopf aus dem Sand ziehe und der Wahrheit unseres Menschseins endlich einmal ins Gesicht sehe! Dein kleiner Tod soll aber nicht vergebens gewesen sein; die Menschen sollen erfahren, was du mir durch dein sinnloses Sterben bewußt gemacht hast! Die Vernichtung des Lebens ist wohl

nicht mehr aufzuhalten, hat sich für viele bedauerns-
werte Geschöpfe unter unseren fortschrittverblende-
ten Augen schon längst vollzogen!

So kann sich der Schöpfer sein Werk nicht gedacht
haben, ihm muß eine folgenschwere Panne passiert
sein, als er den Menschen schuf! Gewiß hat er mir die
kleine Singdrossel wie zufällig ins Haus geschickt,
um mir Herz und Augen für das Wunder des Lebens
zu öffnen. Ich erlebe dieses Geschenk als große
Gnade, die mich verpflichtet, es mit vielen Menschen
zu teilen. Und es gibt mir Mut und Kraft, mit allen
Menschen, die noch etwas Würde in sich tragen,
gegen das große Heer gottloser Menschen und ihr
lebensverachtendes Zerstörungswerk zu kämpfen.
Ein kleiner Anfang ist dieses Tagebuch, und vielleicht sogar eine Hoffnung für diese so traurig gewor-
dene Welt.

13. JULI

An diesem Morgen findet das Frühstück durch das Auftauchen einer der Fliegen ein jähes Ende. Als sie mit schwirrendem Geräusch von ihrem Rücken auffliegt, fliegt auch die Kleine vor Angst schreiend durch den Flur und landet mit geöffnetem Schnabel, schnell atmend und mit Angst in den Augen auf ihrem Korb. Ich will unbedingt die Arme von der blutsaugenden Fliege befreien, aber wie soll ich das anstellen? Da fällt mir meine verwaiste Silberschmiede ein. Vielleicht ist die Perlenpinzette mit der Perlenmulde an ihrem runden Ende zu gebrauchen.

Während die Kleine anfangs ruhig in meiner Hand liegt und sich die Rückenfedern mit der Pinzette geduldig aufrichten läßt, wird sie, als sich eine Fliege durch ihre Federn zwängt, so unruhig, daß ich immer wieder danebengreife und statt der Fliege bald acht kleine Federn ausreiße. Damit ich die Ärmste nicht ihres Federkleids beraube, gebe ich die Fliegenjagd fürs erste wieder auf. Erleichtert fliegt sie durch die Haustür nach draußen, an einer schwarzen Amsel vorbei in den Wald. Gleich darauf kommt sie zu Fuß zurück und spaziert zu mir in den Flur. Der schwarze Vogel beobachtet ihr seltsames Verhalten sehr aufmerksam und macht sich wohl so seine Gedanken.

Auch ich mache mir meine Gedanken über das Singdrosselmädchen. Immer länger und weiter werden ihre Ausflüge in den Garten, in den Wald und in die Umgebung. Immer wieder versucht sie mich zu bewegen, ihr in die grenzenlose Freiheit zu folgen. In solchen Augenblicken würde ich mich ohne zu zögern in einen Vogel verwandeln und ihr mit einem Freudenschrei folgen, wenn ich es nur könnte! Ob sie wohl weiß, daß unsere Nähe mir manchmal unsichtbare Flügel verleiht, auf denen ich sie begleite? Ob sie wohl weiß, daß mir dann auch wunderbare Federn wachsen, die der sanfte Wind unendlich zärtlich streichelt und bewegt, daß ich die Wärme ihres nahen Körpers fühle, die Freude in ihren Augen sehe, während wir schwerelos miteinander über alles Irdische dahinschweben?

Irgendwie wird sie es spüren, daß es nur Träume bleiben werden und daß sie eines Tages ganz allein sein wird in ihrer wunderbaren Welt. Bald, sehr bald wird sie der Abend irgendwo zwischen Himmel und Erde überraschen, die Dämmerung und die Angst vor dem Dunkel der Erde, auf der ich vergeblich auf sie warten werde. Sie wird mich ängstlich rufend vor Katzen, Füchsen und allen bösen Geistern der Nacht warnen. Es kann schon heute abend sein, wenn die Vögel mahnen, daß es an der Zeit ist, einen sicheren Schlafplatz aufzusuchen, hoch über den unheimlichen Erdschatten der Nacht.

Als mich die Kleine am frühen Nachmittag zu einem größeren Ausflug verläßt, sinkt meine Stimmung beträchtlich. Ich mache mir Sorgen wegen der beängstigenden Fliegen, ihrer ungewissen Zukunft und meines wirklich schlimmen Geldmangels. Die Erfahrung lehrt mich: Mit Menschen kann ich nicht darüber reden; sie sind in der Regel viel zu grob gestrickt, mit einem Muster grau in grau. Über die neue Mode, neue Autos, Lieschen Müllers Lieb- und Machenschaften ließe sich mit ihnen reden. Für die Kleine und mich aber haben sie nicht das geringste Verständnis. Niedergeschlagen gehe ich durch den Wald auf den Weyerberg. Dort finde ich die Feder eines Eulenkindes. Mir ist, als hätte sie hier auf mich gewartet. Ehrfurchtsvoll hebe ich sie auf. Unvorstellbar zart berührt sie meine Hand. Wie durch ein

Wunder wird meine Seele wieder leicht, und ich habe nicht mehr das Gefühl, allein zu sein.

Vor mir, tief zu meinen Füßen, breitet sich das weite Land aus. Dort wird irgendwo meine Kleine sein und wissen, daß ich auf sie warte, bis sie wieder zu mir kommt.

Ich schaue auf die Uhr. Es ist schon fünf. Die Kleine hat sich immer noch nicht sehen lassen. Erneut keimt Furcht in mir auf, und ich gehe in den Wald, um sie zu suchen. Wenn ich sie rufe, antworten mir Meiseneltern und auch andere Vögel. Das macht es nicht gerade leichter, sie zu finden. Eben laufe ich einem fremden Drosselkind nach, das vor mir davonfliegt, während sein Vater sitzen bleibt und mich ansieht. Es ist mir sehr peinlich, und ich bin mir nicht sicher, ob ihm meine aufrichtige Entschuldigung wirklich genügt

Dauernd werde ich zum Narren gehalten. Besonders schlimm treiben es die Zaunkönige. Wie oft haben sie mir mit ihrem langgezogenen »Ziiiiiiiiii« geantwortet, und ich habe jedesmal geglaubt, daß es die Kleine ist! Es hat lange gedauert, bis ich den feinen Unterschied herausgehört habe. Das »Ziiiii« der kleinen Drossel ist in der Tonlage zwar gleich, aber etwas kürzer und anders geschwungen als das des Zaunkönigs.

Gegen sechs gebe ich die Suche mit vom vielen Rufen heiser gewordener Stimme vorläufig auf. Da höre ich auf dem Weg zum Haus eine vertraute

Vogelstimme. Die Kleine kommt mir fröhlich entgegengeflogen und ist überglücklich, mich endlich
wiedergefunden zu haben. Als ich zum Abendessen
in mein Zimmer gehe, lasse ich die Tür zu ihrem Flur
auf. Nach einer kleinen Weile kommt sie angeflogen,
landet auf dem Vogelhäuschen vor dem Fenster und
sieht den vorüberfliegenden Vögeln nach. Sie singt
leise vor sich hin, spricht mit mir und ist, genau wie
ich, sehr glücklich über unser Zusammensein. Dann
fliegt sie nochmals in den Wald und wieder zurück in
die Nähe der Haustür, wo sie auf mich wartet, bis ich
mich zu ihr setze, um an ihrem Tagebuch zu schreiben. Zwischendurch pickt sie hier und da nach
Eßbarem. Wenn ich sie anspreche, antwortet sie
»Tschüb, tschüb, tschüb« und singt vor Freude.

Um viertel nach sieben geht sie in ihren Flur, fliegt
auf ein Bild und macht sich für die Nacht zurecht. Ihr
Ausflug muß sehr anstrengend gewesen sein, daß sie
heute so früh schlafen geht!

Heute ist die Begrüßung besonders zärtlich und lang, und unsere Nähe scheint immer noch inniger zu werden. Es ist einfach nicht zu beschreiben, wie sie mir ihre Gefühle vermittelt, und ich selbst bin so hilflos bei dem Versuch, ihr meine Gefühle zu zeigen. Dabei komme ich mir vor wie ein grober Klotz, wenn sie mit ihrem ganzen zarten Körper meine Hände und mein Gesicht liebkost, zurückhaltend und sanft und doch mit unvorstellbar intensiver Lebendigkeit. Und die unbeschreiblich seelenvollen Augen, in denen sich ihr wunderbarer Liebesgesang wiederspiegelt! Kaum wage ich zu atmen angesichts dieser völlig unwirklich erscheinenden Schönheit. Ihre bezaubernde Liebe ist ein so beglückendes Geschenk, und ich stehe da wie ein Bettler, mit bedrückend leeren Händen!

Aber eine Seele habe ich doch, wenn sie mir auch wie ein unförmiger Kloß im Halse steckt! Und ausgerechnet diese Seele hat sich meine Kleine zum Gegenstand ihrer Liebe ausgesucht und mit ihrer Schönheit so berührt, daß sie sich, ängstlich bebend, traut, leise mit dem Drosselmädchen zu sprechen. Zu meinem Erstaunen antwortet sie auf jedes meiner plumpen Worte mit allen Zeichen ihrer Liebe. Mir stellt sich gar nicht mehr die Frage, ob Vögel eine Seele haben, im Gegenteil, die Vorzeichen haben sich längst umgekehrt!

Meine äußere Erscheinung ist eher dazu angetan, die Vögel das Fürchten zu lehren. Löst doch der Mensch als Schreckgespenst freilebender Tiere sofortige Flucht und Panik aus, wenn er in ihre Nähe kommt. Mit der Drohung: »Der Mensch kommt und holt dich, wenn du nicht artig bist!« würden Drosseleltern von ihren Kindern doch alles verlangen können, wenn sie überhaupt auf die Idee kämen, ihre Kinder erpressen zu wollen. Liebevollere Eltern als Drosseleltern kann ich mir allerdings kaum vorstellen, und die Belehrung »Du sollst Vater und Mutter ehren!« haben Drosselkinder schon lange nicht nötig.

Ich, auf alle Vögel wie ein Schreckgespenst wirkend, kann ein Drosselmädchen durch meine äußere Gestalt doch eigentlich nur in panische Angst versetzen! Daher kann es nicht anders sein: Die Kleine muß unter der äußeren Maske meine Seele gefunden haben! Und das wiederum kann wohl nur einer ganz besonderen Seele gelingen! Wenn ich mir dagegen das normale menschliche Verhalten vor Augen führe...

Als die Kleine zum Frühstücken auf ihren Futterplatz fliegt, sehe ich wieder zwei Fliegen über ihren Rücken laufen. Jetzt beschließe ich endlich, zum Tierarzt zu gehen, denn so kann es nicht mehr weitergehen. Der gibt mir das Insektengift Chevitren, das auch für die Kleine tödliche Folgen haben kann. Schweren

Herzens löse ich das weiße Pulver in Wasser auf, tauche einen kleinen Pinsel in die milchige Brühe, zeige ihn der Kleinen und sage zu ihr: »Meine süße Kleine, dieses Zeug ist naß und ekelig, und trotzdem muß ich es dir jetzt unter deine Federn streichen, damit dich die scheußlichen Fliegen endlich in Ruhe lassen!«

Sie hat sehr aufmerksam zugehört, stellt sich ergeben vor mich hin und läßt sich geduldig, aber mit sichtbarem Widerwillen mit dem nassen Pinsel in ihrem Unterkleid wühlen. Dabei berühre ich tatsächlich zwei aufgeschreckte Fliegen mit dem Pinsel. Nun geht es darum zu verhindern, daß die Kleine sich putzt, ein Bedürfnis, das bei jeder Unregelmäßigkeit in ihrem Federkleid, und vor allem bei nassem Gefieder, unwiderstehlich wird. Sobald die Brühe getrocknet ist, nimmt sie das Gift, das dann fest an den Federn klebt, nicht mehr so leicht mit dem Schnabel auf.

Während ich ihr das alles erzähle, setzt sie sich ganz lieb auf meine Hand und schläft, ohne sich vorher zu putzen, friedlich ein. Sie bleibt sogar ganz ruhig, als ihr wiederum zwei Fliegen über den Rükken laufen. Immer tiefer wird meine Liebe zu dem kleinen Vogel und immer tiefer unser Vertrauen.

Wenn ich die Kleine im Flur allein lasse, ruft sie mich unentwegt, bis ich zu ihr komme. Dann läuft sie zur Haustür und möchte rausgelassen werden. Sie will aber nur nach draußen, wenn ich mit ihr gehe. Bleibe ich im Hausflur und setze mich an unseren Schreibplatz, kommt sie mir auf die Hand geflogen, setzt sich nieder, sieht mir in die Augen, erzählt mir etwas und singt leise Liebeslieder.

Um vierzehn Uhr begleite ich sie wieder in den Garten. Erst fliegt sie in die Blumen, dann weit über die großen Bäume davon. Da ich erwarte, daß sie so schnell nicht wiederkommt, nehme ich die Gelegenheit wahr, schnell zur Post und zur Sparkasse zu gehen. Einzukaufen traue ich mich schon nicht mehr. Wenn die Kleine vor mir zurückkommt, an der Haustür nach mir ruft und auf mich wartet, und wenn dann eine der vielen vogelmordenden Katzen sie entdeckt ...!

Ich bin einfach nicht bereit, auch nur das geringste vermeidbare Risiko einzugehen. Mögen die Leute über mich lächeln, mir können sie sowieso gestohlen bleiben! Seit es sich herumgesprochen hat, daß ich einen Vogel aufziehe, bin ich zum Einsiedler geworden. Es besucht mich niemand mehr. Darüber bin ich jedoch sehr froh, denn die Leute, die in den ersten Tagen noch gekommen sind, haben uns wirklich nur gestört.

Inzwischen ist es siebzehn Uhr, und die Kleine hat sich noch nicht wieder sehen lassen. Alle fünfzehn Minuten gehe ich nach draußen und rufe nach ihr. Ein stürmischer Wind weht heftige Regenschauer über das Land. Grasmücken und andere Vögel kommen geflogen und antworten mir wie die Kleine. Ich habe fast das Gefühl, daß sie ihren Ruf imitieren, weil es ihnen Freude macht, so sehnsuchtsvoll gerufen zu werden.

Achtzehn Uhr dreißig, jetzt werde ich wirklich unruhig, auch wegen des Sturmes, der meine Rufe übertönt und Blätter und Zweige so wild bewegt, daß ich die Kleine weder hören noch sehen kann. Resigniert sammle ich Andreas Hängematte und Klappstuhl ein, gehe traurig rufend in den Flur zurück und – horche auf. War da nicht eben ein leises »Ziiiii« über das tosende Brausen im Wald hinweg zu hören? In ängstlicher Erwartung gehe ich auf die offene Haustür zu. Da läuft mir tatsächlich ein Drosselkind entgegen, um mir auf die Hand zu fliegen und mich stürmisch zu begrüßen! Dann pickt sie eilig einige Mehlwürmer, Blaubeeren und Rosinen auf, setzt sich auf meine Hand, steckt ihr Köpfchen unter einen Flügel und schläft ein.

Neben der kleinen Narbe auf ihrem Köpfchen hängt eine winzige Feder lose herab. Vorsichtig nehme ich sie, um sie als Andenken an unser Wiedersehen in ihrem Tagebuch zu verwahren. Warm und weich liegt der jetzt ruhig schlafende Vogel auf meiner Hand, während ich mit ihm nach nebenan in die Küche gehe, um mir eine Scheibe Brot zu schmieren. Auf meiner Hand fühlt sie sich vor all den vielen Gefahren sicher, vor denen ein so kleiner Vogel sich sonst nur durch äußerste Wachsamkeit schützen kann.

Später am Abend schalte ich das große Licht aus, damit die Kleine zur Nachtruhe findet. Das Licht meiner Schreibtischlampe reicht für mich zum Schreiben und für die Kleine zur Orientierung aus. Sie protestiert sofort, und als ich das Licht wieder einschalte, kommt sie auf meine Hand geflogen.

»Meine Kleine, willst du denn noch nicht schlafen?«

Als Antwort spricht sie zärtlich bittend zu mir. Es dauert eine ganze Weile, bis ich ahne, was sie vielleicht meinen könnte, und ich sage ihr mit Bedauern in der Stimme: »Ich würde dich ja so gern zu mir ins

Bett nehmen, aber das geht wirklich nicht. Wie leicht könnte ich dich im Schlaf erdrücken!«

Als Antwort klettert sie in meine Armbeuge, schmiegt sich an meinen Arm und sieht mich weiter bittend an. Dabei wird mir wieder einmal schmerzlich bewußt, daß mein klobiger Körper so gar nicht zu einem so zarten Wesen passen will. Schlimm genug, daß wir nicht zusammen fliegen können, und nun muß ich ihr auch noch den gemeinsamen Schlaf verwehren!

Als meine Kleine begreift, daß all ihr Bitten mich nicht erweichen kann, fliegt sie erst ziellos umher, kehrt dann zurück auf meine Hand und sieht mich traurig an. Als ich ihr schließlich sage, daß es nun aber wirklich Zeit zum Schlafen sei, fliegt sie protestierend auf ihr Körbchen.

Um dreiundzwanzig Uhr frage ich sie, ob ich das Licht nun ausschalten darf. Da fliegt sie auf meine Schulter, putzt ihren Schnabel an meinem Hals, klettert auf meinen Kopf, fliegt auf ihren Schlafkorb, zieht ein Bein unter ihren Bauch und sieht mich ruhig an. Damit gibt sie mir zu verstehen, daß ich das Licht jetzt ausmachen darf. So bleibt sie im gedämpften Licht ruhig stehen, doch als ich gehen will, fragt sie: »Pjüt?« Ich muß ihr versprechen, daß ich noch zu ihr komme, bevor ich dann auch schlafen gehe. Im Laufe dieses Abends bin ich mehrere Male an ihrem Korb. Auf mein Flüstern antwortet sie mit leisen, zärtlichen, singenden Tönen.

Gleich am frühen Morgen frage ich die Kleine nach ihren Fliegen. Als Antwort putzt sie sich auf dem Rücken; ich verstehe aber nicht, was sie mir damit sagen will. Nach dem langen Ausflug von gestern bleibt sie heute in meiner Nähe und macht nur kurze Abstecher in den Garten. Dort ist sie viel mit anderen Vögeln zusammen und verhält sich ebenso aufmerksam, nur leider noch nicht ganz so scheu wie ein wilder Vogel. Ernähren könnte sie sich wohl schon selbst, doch muß sie noch viel vorsichtiger werden, um allen Gefahren unter freiem Himmel schnell genug ausweichen zu können. Erst dann könnte ich sie, ohne mir Sorgen zu machen, fliegen lassen, so weit und so lange sie will.

Am Nachmittag begegnen wir uns vor der Haustür, und als ich zu ihr sage: »Meine süße Kleine!«, tobt sie um mich herum, macht die verrücktesten Freudensprünge und wirft vor Begeisterung ein Ahornblatt hoch in die Luft.

Um halb sechs sage ich der Kleinen, daß ich noch schnell ins Dorf gehe und bald wiederkomme. Sie setzt sich im Flur auf ihr Tagebuch und putzt sich gründlich. Damit gibt sie mir zu verstehen, daß ich gehen darf, und läßt mir — so lange wird sie für ihre Toilette brauchen — etwa eine halbe Stunde Zeit.

Als ich erst nach anderthalb Stunden wiederkomme, erlebe ich eine Überraschung: Die übliche

Begrüßung fällt aus, und ich werde von meiner Kleinen energisch ausgeschimpft.

»Tschap, tschap, tschap, tschap, tschap!«

Das wiederholt sie oft, bis ich mich mehrmals bei ihr entschuldigt habe. Nun steht sie einbeinig auf meinem Mittelfinger, sieht mich eine Weile an und schläft ein. Es ist alles wieder gut! Zwischendurch holt sie ihr Köpfchen aus den Rückenfedern hervor, blickt mich an und singt mir leise etwas vor.

Etwa gegen elf erledigt die Kleine ihre »Abend-toilette« im Liegen auf meiner Hand. Als sie ein winziges weißes Federchen findet, hält sie es mir mit einem ganz lieben Ausdruck in den Augen entgegen und legt es behutsam in meine Hand. Dabei sehen wir uns schweigend an. Kein Laut, nicht einmal ihr leiser Gesang, darf unsere stillen Gefühle stören!

Als ich um sechs Uhr zu der Kleinen in den Flur gehe, begrüßt sie mich mit einer Innigkeit, die nicht mehr in Worte zu fassen ist. Für die Mehlwürmer, die ich ihr zum Frühstück in eine Tonschale lege, interessiert sie sich nicht, sie will nur zärtlich und mir ganz nahe sein. Es dauert lange, ehe ich sie mit den Mehlwürmern im Flur zurücklassen und weiterschlafen kann.

Beim Einschlafen beschäftigen mich vertraute Gedanken. Dabei geht es schon lange nicht mehr um die Frage, ob Vögel sprechen können; eine dümmere Frage kann ich mir inzwischen nicht mehr vorstellen. Es geht mir vielmehr darum, einen Weg zu finden, der mich aus meinem immer noch bedrückend engen geistig-seelischen Gefängnis führen kann. Uns Menschen scheint es fast unmöglich zu sein, die psychischen Muster zu verändern, die uns für ein ganzes Leben aufgeprägt worden sind. Einen freien Willen kann ich nicht entdecken, weder bei den Menschen, die ich kenne, noch bei mir.

Ähnlich wie ein Gärtner, der zu seiner großen Überraschung beim Pflanzen eines Bäumchens auf eine Schatztruhe stößt, habe ich meine Kleine plötzlich in der Hand gehalten und nicht geahnt, daß sie mich und mein Leben so stark verändern würde. Ich erkenne mich kaum wieder. Von einer freien Entscheidung kann keine Rede sein, habe ich doch nicht die geringste Vorstellung davon gehabt, worum es eigentlich ging, wofür oder wogegen ich mich hätte entscheiden sollen! Nein, ganz unwissend war ich damals, ein genauso armer Tropf, wie es so viele Menschen sind! Sie laufen von Soziologen zu Psychologen und Astrologen, bis ihr letztes Stück Lebenskraft verbraucht ist. Sie verabschieden sich mit ihrem armseligen Leben aus einer Welt, in der sie nichts wirklich verstanden haben. Was sie nicht begreifen konnten, das Wunder des Lebens, haben sie häufig, ohne es zu wisen, nur gehaßt und zu dessen Zerstörung nach Kräften beigetragen. Es wäre einfach lächerlich, da noch an so etwas Hehres wie die »reine« Vernunft oder den »freien« Willen zu glauben.

So weit, wie ich glaubte, war ich von der üblichen dummen Arroganz gar nicht entfernt, als der kleine Vogel zu mir kam! Nicht ich als »denkender Mensch« habe eine freie Entscheidung getroffen, mir ist ein ganz großes Geschenk in den Schoß gefallen, für das ich mich bestenfalls nur mit großer Mühe würdig erweisen kann. Die Aufgabe, die ich vor mir sehe, ist gewaltig. Es geht darum, noch besser verstehen zu lernen, was meine Kleine fühlt und sagt. Der rationale Verstand scheint dafür ein sehr ungeeignetes Mittel zu sein. Ihre Sprache ist so feinsinnig und differenziert, daß sie von mir kaum verstanden werden kann. Inzwischen merke ich aber, daß sie noch viel mehr mit ihren Gesten spricht und daß es außerdem noch eine mir ganz unbekannte Ebene der Verständigung geben muß.

Um acht höre ich sie rufen. Auf meine Antwort überschlägt sich vor Aufregung ihre Stimme, in die sich ein leises Gackern mischt. Als ich die Tür öffne, kommt sie lärmend auf meine Hand geflogen, schimpft mich aus und sagt, sie sei gerufen worden, hätte aber nicht nach draußen gekonnt und mich daher dringend herbeiholen wollen. Weshalb ich nicht gleich gekommen sei?

Sie folgt mir überall hin, in die Küche, sieht mir dabei zu, wie ich das Frühstück mache, und weicht nicht von meiner Seite. Dann fliegt sie auf das Vogelhaus und sieht gebannt nach unten. Dort muß etwas besonders Interessantes sein. Vorsichtig lehne ich mich neben der Kleinen aus dem Fenster, halte in meiner Bewegung inne und wage nicht mehr zu atmen. Vom Lieblingsstein meiner Kleinen aus sieht uns ein Vogel an, wie ich noch keinen gesehen habe.

Augenblicklich hat mich sein Wesen verzaubert. Es ist eine Drosselfrau, tief dunkelbraun und riesengroß. Sie blickt uns beide mit einem Ausdruck des Wissens und einer Liebe an, in der sich tiefe wundervolle Gefühle widerspiegeln. Wie gebannt sehe ich in ihr Auge, sie hat ihren Kopf zur Seite gelegt und schaut mich ruhig an. Ob es ihre sprechenden Augen sind oder woran es sonst liegt, daß dabei so viele Gedanken auf mich einstürmen, vermag ich nicht zu ergründen. Ich ahne, daß es dieser geheimnisvolle

Vogel war, der meine Kleine gerufen hat, als ich noch geschlafen habe, und verstehe nun, daß sie so aufgeregt gewesen ist. Auch weiß ich, daß diese wunderbare Drosselfrau gekommen ist, meine Kleine in ihre Obhut zu nehmen.

Als ganz eigenes Zeichen liegt eine verhalten abgesetzte Zeichnung auf ihrem Rücken, harmonisch eingebettet in das matte Dunkel ihres Federkleides. Sie fliegt auf, an dem Apfelbaum vorbei zum Waldrand hin, und wie ein Gedanke folgt ihr meine Kleine.

Wenn sie jetzt wegbleibt, lange wegbleibt, brauche ich mir keine Sorgen mehr zu machen! Sie hat eine wundervolle Freundin gefunden, einen Schutzengel, der sie auf dem Weg in ihr weiteres Vogelleben begleiten wird. Dieses Mal brauche ich jedoch noch nicht sehr lange auf sie zu warten. Nach einer guten Stunde kommt sie glücklich durchs Fenster zu mir geflogen. Anschließend ist sie eine Weile im Garten und bleibt den ganzen Tag in meiner Nähe. Vor der Haustür schenkt mir meine Kleine wieder was ganz Besonderes. Sie hat ein Hälmchen mit feinen Wurzeln gefunden, nimmt es in ihren Schnabel, kommt zu mir geflogen und legt es behutsam in meine Hand.

Den Abend verbringen wir gemeinsam an meinem Schreibplatz. Um halb elf fliegt die Kleine glücklich und zufrieden auf ihr Körbchen, um zu schlafen.

Am Vormittag fliegt mein Drosselkind, das nun langsam wirklich erwachsen wird, in den Garten. Um elf
will ich schnell einkaufen gehen. Sie erblickt mich
aber schon an der Auffahrt und fliegt mir freudig
entgegen. Ich kann jetzt nicht mehr weggehen, sie
würde mir folgen. Gegen zwölf lasse ich sie im Flur
allein, und es gelingt mir doch noch, schnell ins Dorf
zu laufen. Eine halbe Stunde später bin ich zurück
und lasse die Kleine wieder ins Freie. Behende und
wendig fliegt sie durch den Garten.

Um siebzehn Uhr ruft sie mich unter dem Fenster.
Als ich ihr antworte, kommt sie, mich glücklich
begrüßend, zu mir, fliegt in ihren Flur und wieder
raus in den Garten. Ich schreibe noch ungefähr eine
Stunde lang draußen an ihrem Tagebuch. Schließlich beginnt es zu regnen, und so gehe ich in den Flur,
um bei offener Haustür weiterzuschreiben. Da habe
ich die Kleine, wenn auch nicht so gut wie im Garten,
immer noch im Auge.

Vor vier Tagen hätte ich mich zum ersten Mal,
wenn auch mit großen Bedenken, damit abfinden
können, daß meine Kleine die Nacht über allein
draußen bleibt. Mich wundert es sehr, daß sie es
nicht schon lange getan hat, und ich bin dankbar für
jede Nacht, die sie noch in der Sicherheit des Flures
verbracht hat. Wenn es ihr heute einfallen sollte, ihre
erste Nacht im Freien zu verbringen, müßte ich mir

keine Sorgen machen, weiß ich doch, daß ihre wachsame Freundin bei ihr ist.

Um neunzehn Uhr ruft sie mich aus der alten Eibe. Als ich antworte, kommt sie durchs Fenster herein und landet auf meiner brennenden Zigarette, die dabei herunterfällt. Wenn man nicht an alles denkt — sie hätte sich die Füße verbrennen können! Jetzt badet sie notdürftig in dem etwas zu kleinen Suppenteller, den sie aber besonders liebt.

Nach einer guten halben Stunde fliegt sie in den Holunderbusch am Waldrand. So spät fliegt sie sonst nicht mehr nach draußen. Bald beginnt die kritische Zeit, in der sich die Vögel auf die Suche nach einem Schlafplatz begeben. Es muß einen besonderen Grund geben, daß meine Kleine jetzt noch in den Garten will, und tatsächlich, neben ihr fliegt ihre Freundin, die braune Drosselfrau, auf und, gefolgt von einer zweiten, in Richtung der großen Tannen davon. Sofort fliegt ihnen meine Kleine nach.

Ob sie heute nacht wohl draußen bleibt?

Es wäre ein wunderbarer Abend vor der ersten Nacht! Rosa Wolken über mir, mit hellblauen Löchern, durch die man den Himmel bis ins Unendliche sieht. Aus den Himbeeren kommen gemütliche Laute von sich munter unterhaltenden Drosselkindern. Das »Tschap, tschap, tschap« des Kleibers, die Stimmen des Zaunkönigs, der Meisen, des Kernbei-

ßers und des Buchfinken sind zu hören. Ein schwarzer Drosselmann singt leise im Apfelbaum sein Abendlied. Es herrscht ein seltsamer Frieden um mich her. Über der fernen Geest liegt ein goldenes Leuchten, dort geht die Sonne zur Ruh. Klatschend fliegt eine Taube auf und segelt über mich hinweg. Ganz nahe vor mir füttert eine Drosselmutter ihr großes Kind.

Es ist acht Uhr. Der Himmel sieht gewaltig aus. Graue Wolkengebirge türmen sich über der Weite des Moores. Vor einem gelben Horizont über Bremen ragen die Schornsteine der Klöcknerhütte auf wie schwarze Streichhölzer aus der grünblau schimmernden Ebene.

»Meine süße Kleine!«

Ich höre sie antworten, höre ihre leise Stimme unter den vielen Vogelstimmen heraus. Sie kommt nicht, aber ich spüre ihre Nähe. Ein wehmütiges Gefühl befällt mich, ein Abschied von der Vertrautheit der langen Abende mit dem kleinen Vogel auf der Hand beim Schreiben dieses Buches, ein Abschied von der Gemeinsamkeit der Nacht, traurig und froh zugleich. Gleichzeitig empfinde ich auch ein Gefühl von Weite, von einem Aufbruch in ein neues Leben für meine Kleine und für mich. Sie erlebt die wundervolle Nacht in den herrlichen alten Bäumen mit ihren vielen heimlichen Geräuschen, dem leisen Rauschen der Blätter im sanften Nachtwind und den fallenden Regentropfen, mit den Stimmen der Vögel und all der anderen Tiere, dem fast lautlosen Surren der Nachtfalter, den feinen Tönen der Fledermaus.

Und über allem der endlose Himmel und die Weite einer wunderbaren Welt ohne Mauern und Türen − Freiheit, endlose Lebensfreiheit! Meiner Kleinen gehört nun endlich diese ganze große Welt! Eine Freude ist in mir, eine Lust zu leben! Auch für mich beginnt eine ganz neue Freiheit, ich merke, wie die Last der Verantwortung ihr Gewicht verliert, die Verantwortung für ein ganzes Vogelleben! Hier draußen werde ich heute schreiben, bis es dunkel geworden ist, und den Anfang dieser besonderen Nacht mit meiner Kleinen in der Nähe erleben.

Einmal noch gehe ich zur großen Tanne, ganz langsam.

»Meine süße Kleine!«, rufe ich leise, »schlaf schön!«

Auf dem Weg schauen mich die Vögel an, immer wieder kommt von hier und dort eine Antwort: von einem Zaunkönig, einer Buchfinkenfrau, einer Amsel und einem Grünfinken. Die Vögel reden mit mir, als ob ihnen allein meine zärtliche Stimme gilt. Als ich auf dem Weg durch den dämmrigen Wald in die Nähe der Haustür komme, lassen mich fünf Drosseln ganz nah an sich vorbeigehen, ohne ihre Unterhaltung zu unterbrechen. Es müssen die Freunde meiner kleinen Singdrossel sein.

»Schlaft gut, alle miteinander, und paßt auf meine Kleine auf!«

Beruhigt begebe ich mich in den Flur. Der Tisch ist noch ganz naß von ihrem Bad, überall sind Erde und ihre vielen kleinen Kleckse verstreut. Da höre ich eine vertraute Stimme vor der Tür. Aus der Dämmerung kommt mir die Kleine entgegen und spaziert ganz selbstverständlich in ihren Flur. Sie nimmt noch ihr Abendbrot, putzt sich kurz, sagt mir viele Zärtlichkeiten und schenkt mir noch ein Federchen, bevor sie, dieses Mal auf einer alten Tabaksdose, auf einem Bein einschläft.

Die unerwartete Freude hat mich so mitgenommen, daß ich ins große Zimmer gehe und mir erst einmal eine Zigarette drehe. In der Nähe von Vögeln

rauche ich nie, sie können den Rauch nicht vertra-
gen. Nach der Zigarette habe ich mich einigermaßen
erholt und kehre in den Flur zurück. Meine Kleine
wacht sofort auf und kommt mir, Liebesbeteuerungen singend, entgegen. Dann schläft sie auf meinem
Arm weiter, während ich schreibe, wird erneut wach,
spricht mit mir und sagt immer wieder ganz besonders liebe Dinge.

Wenn sie wirklich draußen geschlafen hätte, wäre
ich vielleicht in die gemütliche Dorfkneipe zu Man-
fred und Manuela gegangen und hätte dort weiter-

geschrieben, in einer anderen Umgebung mit vertrauten Gesichtern. Aber was ist das schon gegen die Gesellschaft dieses liebenswerten Vögelchens auf meinem Arm!

Um zweiundzwanzig Uhr will ich ins große Zimmer. Die Kleine möchte mitkommen, aber ich sage ihr, daß das nicht geht.

Sie protestiert und sagt: »Ich will bei dir bleiben!«

Nach langem Hin und Her gebe ich endlich nach: »Gut, du darfst mitkommen, aber erst gehe ich allein voraus und schließe das Fenster, dann darfst du nachkommen!«

Darauf setze ich sie auf den Tisch, und sie wartet wirklich, bis ich sie hole. Im großen Zimmer halte ich sie vor eine Fensterscheibe und sage ihr, daß sie da jetzt nicht mehr durchfliegen kann. Darauf versucht sie es vorsichtig am zweiten Fensterflügel und versteht sofort, was ich gesagt habe. Sie badet trotz der späten Stunde noch in Meckis Teller auf der Fensterbank. Als ich den Fernseher einschalte, sieht sie ihn sich genau an. Wir schauen uns die Sendung »Tiere am Kilimandscharo« an. Sie sieht sehr aufmerksam zu und reagiert vor allem auf die fremdartigen Vogelstimmen.

Ungefähr um halb elf trage ich sie zurück in ihren Flur. Während ich schreibe, kommt sie oft zu mir, spricht mich an und sieht mir lange in die Augen. Draußen im Wald schreien jetzt die Eulen. Nun bin ich doch froh, daß die Kleine diese Nacht noch bei mir geblieben ist.

Um elf bitte ich sie, auf ihrem Körbchen ihren Schlafplatz aufzusuchen. Sofort fliegt sie vom Sekretär auf den Korb, springt mit Wucht auf die andere Seite, so daß er schaukelt, und dreht sich im Sprung zu mir um. Dabei spricht sie die ganze Zeit in dem Sinne: »Wenn's denn unbedingt sein muß, tu ich dir den Gefallen!«

Aber sie hat noch keine rechte Lust zu schlafen. Auf mein Versprechen hin, daß ich mich noch zu ihr setzen und schreiben werde, sagt sie ungefähr zehnmal »djüb« und bleibt erwartungsvoll sitzen. Zustimmung und Freude schwingen in diesen so einfachen, aber bedeutungsvollen Lauten. Sie klingen wie ein sehr langer Satz mit vielen Kommas, wobei jedes Komma einen Gedanken zu unterstreichen scheint. Wenn ich nur all das ganz genau verstehen würde!

Mir fallen so in Gedanken dazu die Worte eines alten Volksliedes ein: »... er ist nur halb zu sehen und ist doch rund und schön. Es gibt so manche Sachen, die wir getrost verlachen, weil unsre Augen sie nicht sehn.«

Im Gegensatz zu dem alten Sprichwort »Liebe macht blind« erlebe ich, daß Liebe sehend machen kann, uns verstehen läßt. Es ist die Liebe eines kleinen Vogels, die mir Geist und Seele öffnet und mich tief verborgenes Wissen ahnen läßt. Die Uhr zeigt schon fast ein Uhr an, da gehe ich noch mal zu dem Vogelkind, das heute soviel Neues erlebt hat. Sie begrüßt mich schon von weitem mit häufigem »djüb«. Sie hat auf mich gewartet. Wir sagen uns gute Nacht.

Schon früh am Morgen stürmt die Kleine in den Garten, kommt in kurzen Abständen zu mir in die Wohnung zurück, um gleich wieder hinauszufliegen. Jedesmal bittet sie mich, ihr doch zu folgen. Das macht sie im Laufe des Tages immer wieder. Sie möchte, daß ich bei ihr bin.

Am späten Abend gibt sie schließlich ihr vergebliches Bemühen auf und kommt mit einer rührenden Anhänglichkeit zu mir in die Wohnung, um für heute bei mir zu bleiben. Wir sind lange zusammen in ihrem Flur, und sie genießt es, mit mir in dieser ruhigen kleinen Welt zu Hause zu sein.

Dann geschieht etwas sehr Rätselhaftes: Sie steht auf dem Tisch, ihren Blick zu Boden gerichtet, und weint. Erst glaube ich, ihren hohen, langgezogenen Warnton zu hören, aber dieses Weinen ist leiser, feiner und, wie ihre Haltung, mehr nach innen gerichtet. Ihr leises »Ziiiiiiiii« berührt mich so tief, daß ich nicht wage, sie anzusprechen und in ihrem Kummer zu stören. Instinktiv ahne ich, daß sie so traurig ist, weil ich mich immer noch hartnäckig weigere, mit ihr zu fliegen. Leise fällt ein Schatten auf unser Glück. Die Kleine hat ihn schon bemerkt, und ihre Traurigkeit weht uns jetzt beide an.

Um zweiundzwanzig Uhr dreißig ruft sie mich: »Komm zu mir!« Sie erwartet mich an der Tür, spricht ganz lieb zu mir, fliegt auf ihren Korb und schimpft leise. Ich soll das große Licht ausschalten, sie möchte jetzt schlafen. Bei gedämpfter Beleuchtung macht sie sich noch für die Nacht zurecht, fliegt schimpfend und gackernd auf ihren Schlafkorb, nörgelt noch eine Weile vor sich hin, flüstert endlich, immer leiser werdend, »djüb, djüb...« und schläft langsam ein.

Traurig gehe auch ich zu Bett. Wenn ich mich nur ganz in einen Vogel verwandeln könnte! So bezaubernd schön wie meine Kleine müßte ich gar nicht unbedingt sein. Das wäre wohl auch etwas zuviel verlangt, und der Kleinen kommt es ja auch nicht darauf an, wie ich aussehe. Nur Federn sollten mir wachsen, und Flügel, damit ich endlich fliegen kann! Und etwas kleiner müßte ich werden, wenigstens so klein, daß sie nicht mehr zu mir aufsehen müßte, wenn wir beieinander sind!

Um halb sechs gehe ich zu der Kleinen in den Flur. Sie ist noch ganz verschlafen. Gegen sechs kommt sie dann zu mir aufs Bett, und ich merke im Halbschlaf, wie sie sich zärtlich an meinen Kopf schmiegt. Um sieben weckt mich ein lautes »Raab, raab, raab!«, und mit einem Plumps landet Mecki neben mir im Bett. Sicher ist die Kleine vor Mecki schon in den Wald geflüchtet, sobald sie ihn von weither kommen hörte.

Nachdem Mecki sich wieder verabschiedet hat, gehe ich in den Garten und rufe sie. Vom Waldrand her kommt ihre Antwort, und als ich näher komme, empfängt sie mich mit einem Liebeslied. Bei ihr sitzt

die große Drosselfrau im Gras, sieht mich aufmerksam an und hört dem Gesang meiner Kleinen zu.

Es ist ein Lied voller Liebe, mit einem Hauch Melancholie. Ich werde ganz traurig, es klingt wie ein Abschiedslied. Am liebsten möchte ich zu ihr gehen, sie in die Hand nehmen, aber ich weiß, daß ich sie nicht mehr trösten kann. Ich habe ihr gegeben, was ich zu geben vermochte, und dafür liebt sie mich mit ihrem ganzen kleinen Herzen und begreift ihr großes Unglück einfach nicht. Der einzige Trost wird ihre wunderbare Freundin sein, die ruhig an ihrer Seite wacht. Ihr Blick ist voller Wissen um das, was in der Kleinen und mir jetzt vor sich geht.

Vierzehn Uhr dreißig. Die Kleine fehlt mir sehr, sechseinhalb Stunden hat sie sich nicht mehr sehen lassen! Beim verspäteten Mittagessen höre ich ihre Stimme, und als sie mich am Fenster sieht, kommt sie mit so freudiger Begrüßung zu mir geflogen, daß ich keine Worte dafür finde. Es dauert lange, bis sie selbst ans Essen denkt, dann allerdings hat sie gewaltigen Hunger. Sie bleibt bei mir, bis auch ich mein Mahl beendet habe, fliegt dann aufs Vogelhaus und breitet ihre Flügel in der Sonne aus. Nachdem sie sich ausgiebig gesonnt hat, fliegt sie zu ihren Freunden weit hinten in den Garten.

Als ich um sechzehn Uhr dreißig vom Einkaufen zurückkomme, begrüßt mich meine Kleine im Flur. Sie hat geschlafen und auf mich gewartet. Während ich in der Küche verschwinde, bleibt sie auf ihrer Stuhllehne sitzen und weint. Sie fliegt nicht hinter mir her, wie es Jeni und Fussel, die beiden Stare, getan haben. Sie ist in ihrem Wesen so anders. Ich gehe zu ihr, sie erzählt von ihrer Sehnsucht nach mir und daß ich bei ihr bleiben soll. Ich verspreche ihr, daß ich in ihrer Nähe bleiben will, und sie schläft beruhigt ein.

Um siebzehn Uhr wird die Kleine wach, kommt zu mir an den Schreibplatz. Behaglich kuschelt sie sich in meine linke Hand, und ich decke sie mit meiner rechten vorsichtig zu. Ohne sich zu rühren, schaut sie mich aus der Öffnung zwischen Daumen und Zeigefinger mit ihren großen Augen an. Einen langen kostbaren Augenblick gibt es nur noch Nähe und Zärtlichkeit zwischen uns.

Als ich aufstehe, fragt sie mich sofort, wohin ich will. Mehrmals muß ich ihr versichern, daß ich gleich wiederkomme, ehe sie sich zufriedengibt. Immer noch empfinde ich es als ein kleines Wunder, daß ich ihre Vogelsprache so gut verstehe. Sicherlich würde ich noch viel mehr verstehen, wenn mich nicht die Angst, zuviel in ihre Laute hineinzudeuten, blockieren würde. Ich könnte vieles wahrnehmen, was mir jetzt verborgen bleibt.

Ich gebe der Kleinen drei Mehlwürmer, sehe ihr in die Augen und frage sie, ob sie schon für die Nacht gekommen ist.

»Ja, gewiß, ich hatte doch Sehnsucht nach dir,

das weißt du doch, ich will heute nur noch bei dir sein.«

Ihre Worte sind natürlich viel melodischer, leiser, feiner und sensibler, als es unsere Sprache wiedergeben kann. Die Haustür steht weit auf. Sie kann mich jederzeit Lügen strafen und in den Garten fliegen. Aber sie bleibt auf der Poliermaschine sitzen, das Köpfchen auf dem Rücken, und schläft. Draußen scheint die Sonne.

Zwischendurch gehe ich ins große Zimmer, und als ich wieder im Flur bin, empfängt sie mich mit leisem Singen, das Glück und Freude ausdrückt. Sie singt immer nur, wenn ich komme, nie, wenn ich gehe. Jetzt singt sie sogar, das Köpfchen unter dem Flügel, im Traum leise vor sich hin.

Um zwanzig nach sechs kommt Andrea, sieht die Kleine, sagt nur: »Ach«, geht ins Badezimmer und läßt die Tür, nicht gerade leise, ins Schloß fallen. Augenblicklich, aber ohne Eile, fliegt die kleine Drossel aus dem Fenster und schwebt auf die Blumen nieder. Ob sie heute noch einmal wiederkommt? Für alle Fälle setze ich mich mit meinem Schreibzeug vor die Tür, bis es dunkel wird.

Auf dem Weg zum Haus ruft sie mich, sie möchte mit hinein. Als ich die Tür öffne, trippelt sie mit einem aufgeregten »Pjüt, pjüt, pjüt« vor mir in den Flur. Ich habe ihr einen flachen Karton mit Laub auf den Sekretär gestellt. Als ich ihr sage, daß ich jetzt ins große Zimmer gehe, weint sie. Auf mein Versprechen, bei ihr zu bleiben, sagt sie »pjüt, pjüt« und noch viele andere zärtliche Laute. Dann setzt sie sich tief ins Laub, während ich neben ihr sitzend alles so aufschreibe, wie es sich eben zugetragen hat. Inzwischen ist sie eingeschlafen, und ich darf endlich in die Küche gehen, mir etwas zu trinken zu holen.

Es ist dreiundzwanzig Uhr. Die Kleine wird sofort wach, als ich in den Flur komme, fliegt auf meine Hand und putzt sich, während ich sie zum Schreibplatz trage. Ich sage ihr, wie schön ich es fand, daß sie heute morgen noch bei mir geschlafen hat. Sie sieht mich ganz lieb an, sagt »pjüt«, klettert auf meine Schulter, schmiegt sich an meinen Hals und erzählt mir leise singend bezaubernde Geschichten.

Um sechs Uhr gehe ich zur Kleinen. Es ist dämmrig, der Himmel bedeckt. Sie ist noch halb im Schlaf und begrüßt mich verträumt. Ich mache ihr das kleine Licht an, lasse die Tür zu meinem Zimmer auf und gehe wieder schlafen.

Gegen sieben Uhr kommt die Kleine zu mir ins Bett, klettert auf meinen Kopf, sagt mir fröhlich guten Morgen und fliegt in den Garten.

Um zwölf Uhr höre ich ihre Stimme und bekomme gerade noch mit, wie sie vom alten Kirschbaum herunter ins hohe Gras fliegt. Zu sehen ist sie nicht, doch als ich an die Stelle gelange, an der sich die Halme bewegen, fliegt eine fremde junge Singdrossel vor mir auf. Ich setze mich enttäuscht an den Tisch bei den Blumen. Kurz darauf kommt sie doch noch mit stürmischer Begrüßung zu mir geflogen. Lange bleibt sie nicht, kommt aber mindestens einmal in der Stunde, um mir zu zeigen, daß sie in meiner Nähe ist.

Nachdem sie um zwanzig nach drei noch einmal bei mir war, gehe ich in der Hoffnung, ein Bild zu verkaufen, zu einem Kunden ins Dorf. Ich brauche so dringend etwas Geld! Hätte ich gewußt, daß die Verhandlung ohne den gewünschten Erfolg verlaufen würde, wäre ich allerdings bei ihr im Garten geblieben!

Als ich gegen achtzehn Uhr dreißig zurück bin, sind die Rosinen, die ich ihr auf den Futterplatz im

Flur gelegt habe, weniger geworden. Sie war also in der Wohnung und hat statt meiner nur die Rosinen gefunden. Daher gehe ich sogleich vor die Tür und rufe. Sie antwortet aus dem Apfelbaum, kommt angeflogen und spaziert vor mir her in den Flur. In ihrer Freude, wieder bei mir zu sein, rast sie über den langen Tisch, springt auf den Sekretär, von da auf meinen Kopf, läuft meinen Arm herunter und setzt sich unter vielen Liebesbeteuerungen tief in meine Hand. Seit gestern haben ihre Augen oft traurig geblickt. Jetzt strahlen mir nur Freude und glückliche Gefühle entgegen.

Für zwanzig Uhr bin ich mit einem Kunden im Niedersachsenhaus zu einem Essen verabredet. Als ich ihr das sage, fängt sie sofort zu weinen an.

»Meine süße Kleine, ich möchte ja so gern bei dir bleiben, aber ich muß unbedingt noch ein Bild verkaufen, sonst haben wir bald nichts mehr zu essen!«

»Pjüt, iiiiii djeb!«

»Ja, ich verspreche dir, in einer Stunde bin ich wieder bei dir!«

Als ich aus der Haustür gehe, sagt sie nichts mehr, nur ihre Augen schauen mir traurig nach.

Ich komme erst um Viertel vor zehn zurück. Es ist nun schon das zweite Mal, daß ich mein Wort nicht gehalten habe. Auf dem Weg zur Haustür höre ich ihr lautes Rufen, und als sie mich reinkommen sieht, ist sie ganz außer sich. Statt mich wie sonst zu begrüßen,

fliegt sie auf ihren Korb und schimpft zu mir herunter. Es dauert lange, bis sie sich einigermaßen beruhigt. Obwohl ich ihr verspreche, nie wieder zu spät zu kommen, will sie nicht einmal mehr auf meine Hand. Weil mir nichts Besseres einfällt, frage ich sie, ob sie schon schlafen will und ich das große Licht ausschalten darf. »Pütt!« und ein langes Gähnen sind die Antwort. Das heißt: »Ja, ich will jetzt schlafen!«

Heute hätte Freitag der dreizehnte sein können! Zweimal habe ich meine kostbare Zeit mit langweiligen Kundengesprächen vertan und dabei nicht ein Bild verkauft! Andrea war alles andere als erfrischend, und mit meiner Kleinen habe ich es mir für heute wohl auch verdorben. Weit und breit ist kein Mensch da, zu dem ich gehen, mit dem ich über meine Sorgen und Gefühle sprechen könnte! Mir bleibt einfach nichts anderes übrig, als zu Bett zu gehen und etwas zu lesen, um vielleicht doch noch auf andere Gedanken zu kommen.

Es muß eine Ironie des Schicksals sein, daß ich nun ausgerechnet in dem Buch »Hochlandzauber« von Ludwig Ganghofer lese. Die Gedanken, die mir nun kommen, sind alles andere als aufmunternd. Ich lese von dem alten »Xaveri«, der dem kleinen Ludwig »stolze Künste« beibringt: Wie man mit einer Armbrust Sperlinge totschießt, mit Leimtüten Krähen und auf Leimruten Zaunkönige fängt!

Der berühmte Autor wurde dann aus seiner Natur- und Tierliebe (!) heraus ein leidenschaftlicher Jäger.

Als dieser stolze Waidmann den letzten, einsam durch die Alpen wandernden braunen Bären verjagt hat, bedauert er, daß es nun keine Bären mehr zu schießen gibt, und tröstet sich damit, daß an der Elbe wenigstens noch ein paar Biber zu jagen sind.

Und ich lerne von ihm noch mehr über die Jägerei, wie man zum Beispiel ein Falkenweibchen fängt: In einer Falle festgebunden, zappelt ein zu Tode geängstigtes Täubchen um sein Leben. Die Falkenfrau jagt nach Beute für ihre hungrigen Kinder, vergißt jegliche Vorsicht, greift die Taube und — ist gefangen. Aus grenzenloser Freiheit kommt die Ärmste nun in »Einzelhaft«. Dann wird sie »abgetragen«, wie es in der Jägersprache heißt: Sie muß in einem dunklen Verschlag hungern und dursten, bis ihr Wille gebrochen und sie ihrem Folterknecht zu Diensten ist. Falls sie ihre Qualen überlebt, wird sie »abgerichtet«. Eine Hinrichtung wäre im Vergleich dazu barmherzig gewesen!

Ihre Kinder müssen hungern, weil ihr allein gelassener Mann die vielen Schnäbel nicht ausreichend stopfen kann. Seine Frau dient derweil dem Vergnügen eines Menschen. Sie wird »auf Händen getragen«, weil sie eine nützliche Sklavin geworden ist.

So oft habe ich mich gefragt, wie meine »Landsleute« es fertigbrachten, ihre Mitmenschen in den Konzentrationslagern so brutal zu foltern und zu demütigen. Es muß ihnen eine Befriedigung verschaffen, freie Lebewesen einzusperren, wehrlose

Opfer zu vergewaltigen, Macht zu genießen und sich an den Qualen ihrer Opfer zu weiden. Die selbsternannten »Waidmänner« sollten sich einmal fragen, wie weit ihr Verhalten davon entfernt ist, wenn sie einen Vogel, wie gerade beschrieben, quälen. Es ist ebendiese Mentalität, die über alle Lebewesen, nicht nur über die Tiere, soviel Leid und Elend bringt.

Es ist halb zwölf. Heute ist doch alles wie verhext! »Hochlandzauber«! Ich wollte mich endlich einmal erholen, etwas Entspannendes lesen. Und wo bin ich mit meinen Gedanken gelandet? Hellwach bin ich, wütend und verzweifelt! Es muß ein anderes Buch her, dieser Ganghofer hat mir für heute wirklich gereicht! In meiner Verzweiflung greife ich nach einem Buch, dessen grüner Einband mich freundlich ansieht. »Mein grünes Buch« heißt es tatsächlich. Es ist von unserem »Heide- und Heimatdichter« Hermann Löns. »Heidefrühling«. Na, endlich, das kann doch bestimmt nur erfreulich sein!

Ich beginne zu lesen: »Es sang ein Vogel über der Heide«, so fängt die Geschichte an, »didudl, didudl«, so geht sie weiter, und am Ende heißt es — ich zitiere wörtlich: »Aber da kommt es mir plötzlich so feige vor, ihn [gemeint ist ein Auerhahn, R. B.] von hinten totzuschießen, ihm sein herrliches Spiel zu zerraufen mit den groben Schroten. An der rechten Backe das Gewehr, im Munde die Pfeife, sollte es mir so wohl gelingen, ihn regelrecht zu reizen? Zwischen den

Zähnen lasse ich die Pfeifenspitze in die linke Mundecke wandern, feuchte die Lippen mit der Zunge an und blase: Kut-stchuit. Sofort hält der Hahn inne [der tanzend seine Hennen umwirbt, R. B.], macht einen langen Hals und wendet mir die linke Seite zu. Da donnert der Schuß, ich stehe im Dampfe, sehe den Hahn nicht, aber Flügelschlagen verrät mir, daß er liegt. Gackernd streichen die Hennen aus den Postbüschen ab, wie ich heraustrete. Da liegt er regungslos in seiner ganzen Pracht, das stolze Spiel weit ausgebreitet, ein Spiel, wie ich es noch nie sah, mein Hahn, mein Tanzmeister, dem ich sechs Nächte geopfert habe. Und jetzt tut es mir leid, daß er daliegt, denn nun kann ich ihn ja nicht mehr erlegen...«

Ich hätte es wissen müssen, so also sieht die Tierliebe auch bei diesem berühmten Jäger wirklich aus! Daß ich trotzdem weiterlese, muß an meiner Übermüdung liegen, es ist schon halb eins.

Der Titel der nächsten Geschichte, »Am Fuchsbau«, hätte mich warnen müssen. Ich lese:

»Hier war eben der Fuchs, von hier nach dort. Schnell den Hund her! Waldmann wird in den Einschlag gelassen, und nun geht das Anhetzen los. Hu faß, hu faß, faß, so ist's recht, Waldmann, kss, kss, faß den Fuchs, krieg ihn, den Halunken, kss, kss, kss! Lauter Lärm füllt die stille Heide...«

Nun reicht es mir endgültig mit der deutschen Jägerei, und ich werfe das Zeugnis stolzer Jägermen-

talität vorläufig gegen die Wand, um es später von
Jacki, der Dohle, gründlich zerfleddern zu lassen.

Ein Blick auf die Uhr, die eine Mahnung an
schlimme Zeiten ist — sie stammt aus einem Flug-
zeug und hatte ursprünglich die Aufgabe, dafür zu
sorgen, daß die Fracht, eine Bombenlast, pünktlich
über den Köpfen Londoner Bürger abgeladen wurde! — sagt mir, daß ich schon längst schlafen müßte.
Aber wie soll ich zur Ruhe kommen in dieser schrecklichen Welt?

Zufällig finde ich noch das Buch von meiner alten
Freundin Valeska Gert, »Ich bin eine Hexe«. Ich
habe es schon gelesen. Es erinnert mich an ihr
»Schlummerlied«, das zu ihren Lebzeiten allabend-
lich im »Ziegenstall« in Kampen auf Sylt vorgetragen
wurde:

>»Schlaf, kleine Erde, schlaf schön bald,
> bist erst fünf Milliarden Jahre alt.
> Träumst erst seit so kurzer Zeit
> von Menschenlust und Menschenleid.
> Seit fünf Milliarden Jahren gibt es Wasser,
>   Bäume, Berge,
> Menschen, Tiere, Riesen, Zwerge.
> Vorher gab's nur öden Hall,
> das gespenstisch leere Weltenall.
> Jetzt spielen böse Jungs mit deinen
>   Kräften,
> experimentieren mit deinen Säften.

Und es kann passieren,
daß wir alle explodieren.
Dann gibt es einen Riesenknall,
weg ist das schöne Weltenall.
Schlaf, kleine Erde, schlaf schön bald,
bist erst fünf Milliarden Jahre alt.«

An Schlaf ist jedoch immer noch nicht zu denken, im Gegenteil, mir ist inzwischen ganz wirr im Kopf. Da, endlich finde ich doch noch ein lesenswertes Buch. Es ist von Bengt Berg, heißt »Mein Freund der Regenpfeifer« und beginnt mit dem Satz:

»Dies ist die schier unglaubliche Geschichte von einem Vogel, der in einer öden Berggegend Lapplands mit drei wandernden Männern gut Freund wurde.«

Schon nach wenigen Seiten bin ich mit mir und der Welt vorerst wieder versöhnt, will das Buch zur Seite legen und nun endlich schlafen, als ein dunkler Fleck auf meinem Laken neben dem Kopfkissen meine Aufmerksamkeit erregt: ein dunkelbrauner Klecks, rundherum etwas weiß. Das kann nur von einem Vogel sein, aber es ist doch gar keiner hier! Meine übermüdeten Sinne scheinen mich schon zu narren. Und wie ein ganz kleines Kind, das einen ihm noch unbekannten Gegenstand vorsichtig mit der Fingerspitze berührt, um ihn kennenzulernen, betaste ich diesen geheimnisvollen Fleck. Weich fühlt er sich an und warm.

Vielleicht sollte ich jetzt zum Telefon gehen, den Wetterdienst anrufen, irgendeine Stimme hören, auf die ich mich noch verlassen kann und die mich wieder in die Welt der Tatsachen zurückruft. Wenn mich ein echtes Gespenst besuchen würde, hätte ich vielleicht das Glück einer faszinierenden Begegnung. Ich meine nicht die Gespenster, die mir auf Schritt und Tritt im Dorf über der Weg laufen und die mich wirklich das Gruseln lehren. Aber ein unsichtbarer Vogel, der mitten in der Nacht, von mir unbemerkt, direkt vor meiner Nase etwas fallen läßt, macht mich nun doch nervös.

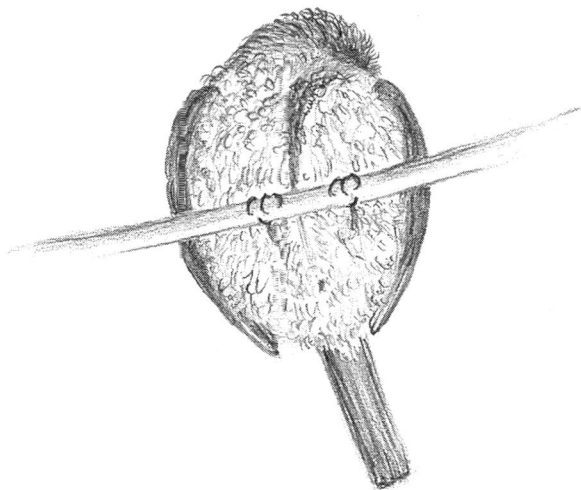

Auf der Suche nach diesem geheimnisvollen Gast sehe ich schließlich zur Decke auf und entdecke ein kopfloses Federbällchen direkt über mir. Auf dem Lichtkabel unter der Decke hat sich ein kleines Vögelchen seinen Schlafplatz für die Nacht ausgesucht! Das Köpfchen im Rücken versteckt, fast eine Kugel mit einem Strich am Ende, schläft es ruhig direkt über mir. Daß ein wilder Vogel zum Schlafen zu mir kommt, ist unglaublich, tröstend, ja, verheißungsvoll! Es ist, als ob der Schöpfer selbst seine Hand auf meine Schulter legt, mir in die Augen sieht und lächelt.

Um fünf Uhr dreißig gehe ich in den Flur. Die Kleine schaut mich gähnend an, reckt sich und schläft weiter. Um fünf Uhr vierzig wacht der kleine Vogel, der über mir geschlafen hat, auf und fliegt munter aus dem Fenster. Es ist eine junge Kohlmeise. Um fünf Uhr fünfundvierzig kommt die Kleine zu mir ans Bett, begrüßt mich zärtlich und fliegt in den Garten.

Um sieben Uhr dreißig kommt Mecki zum Frühstück. Seine Frau, die Rabenkrähe, ruft ihn aus dem alten Kirschbaum, bis er nach beendeter Mahlzeit zu ihr fliegt. Natürlich hat er auch an sie gedacht und ihren Anteil, etwa fünfzehn Rosinen, in seinem Schnabel verpackt.

Um zehn Uhr dreißig kommt die Kleine zu mir geflogen. Erst begrüßt sie mich stürmisch, dann holt sie sich ihr Frühstück und ruht sich anschließend auf ihrem Schlafkorb aus, bevor sie erneut in den Garten fliegt. Um elf Uhr kehrt sie zurück und bittet mich verzweifelt und vergeblich, ihr in den Apfelbaum zu folgen.

Um zwölf Uhr fünfzehn ist sie wieder da, setzt sich vor mich auf den Tisch und sieht mich schweigend an. Wie ein unheimlicher Nebel lastet die Traurigkeit auf uns, und aus dieser Traurigkeit lösen sich die immer deutlicher werdenden Konturen eines Gedankens: »Abschied«.

Wortlos gehe ich aus dem Haus. Auf dem Weg zur

Auffahrt sehe ich sie aus dem Fenster in den Wald fliegen. Als ich ins Auto steige, habe ich das Gefühl, aus mir selbst herauszutreten, und während es die Auffahrt hinunterrollt, sehen mich die alten Bäume am Weg wie einen Fremden an. Mein Blick fällt auf das weite Land, das sich vor mir öffnet. Ich habe das Gefühl, in eine grenzenlose Leere zu schauen. Nichts ist mehr, wie es vorher war. Das einst so vertraute Dorf hat jetzt ein fremdes Gesicht bekommen. Die Menschen, denen ich begegne, kommen mir unwirklich und bedeutungslos vor. Was auch immer ich anstelle, um Distanz zu gewinnen, meine Gefühle und Gedanken bleiben zurück bei dem kleinen Vogel.

Sechs ganze Stunden habe ich meine Kleine allein gelassen, als ich um Viertel nach sechs Uhr zurückkomme. Sie hat vor der Haustür auf mich gewartet und will dringend rein. Nach ungewohnt kurzer Begrüßung trinkt sie ausgiebig. Dann setzt sie sich wortlos auf die Truhe vor den Fernseher. Sie hat nur großen Durst gehabt, sie will nichts essen und auch nicht auf meine Hand. Sie sitzt einfach nur da und weint. Als ich zu ihr gehe, meine Hände vor sie auf die Truhendecke lege und ihr sage, wie lieb ich sie habe, hört sie mir still zu. Erst als ich ihr sage, daß ich von nun an bei ihr bleibe, läßt sie ein leises »Pjüt« hören. Dann folgt eine Reihe feiner Vogellaute, mit denen sie mir zu verstehen gibt: »Es ist so schön bei dir, ich war so allein.« Ich sage ihr nochmals, wie gern ich sie habe und wie schön sie ist. Als Antwort singt sie mir mit ganz glücklichen Augen mitten ins Gesicht. Dann streckt sie sich, läuft auf mich zu und sagt: »Komm!«

Ich sage auch: »Komm!«

Aber sie läuft auf den Flur und ruft mich zum Mehlwurmkasten. Offensichtlich hat sie heute doch noch Hunger und bekommt viele Mehlwürmer, Regenwürmer und Rosinen. Dann läuft sie auf meinen Arm und putzt sich ausgiebig. Es ist schon elf Uhr, als wir uns endlich gute Nacht sagen. Die kleine Meise schläft schon lange tief und fest auf ihrem Stromkabel über mir.

Um sechs Uhr kommt die Kleine zu mir ins Bett geflogen, schmiegt sich an meinen Hals, tobt in ihrer Wiedersehensfreude um mich herum und kann sich lange nicht von mir trennen, bis sie endlich doch in den Garten fliegt.

Als ich mittags aus dem Dorf komme und in den Flur schaue, sitzt sie auf dem Stuhl vor unserem Schreibplatz, wo sie, auf der Stuhllehne schlafend, auf mich gewartet hat. Im Aufwachen begrüßt sie mich mit leisem Gesang. Da sehe ich, wie eine dieser schrecklichen Fliegen über ihren Rücken läuft. Sofort nehme ich einen Pinsel mit etwas Insektenmittel und tupfe es unter den Flügel auf die Stelle, wo die Fliege verschwunden ist. Der Kleinen gefällt das gar nicht, und sie hackt nach dem unverschämten Pinsel, der ihre Federn durcheinanderbringt. Damit sie sich nicht auch noch vergiftet, gebe ich einstweilen auf, um es am Abend noch mal zu versuchen.

Völlig unerwartet ist unsere enge Bindung für das Überleben meiner Kleinen erneut wichtig geworden. Es ist beruhigend, daß sie jetzt lange bei mir bleibt, mit mir redet, sich ausruht und mir zuhört, als ich ihr erkläre, weshalb es so wichtig ist, daß sie heute abend zu mir kommt.

Gegen neunzehn Uhr kommt sie ins Zimmer gelaufen, sucht mit ihrem Schnabel ganz hektisch ihr

Gefieder an verschiedenen Stellen nach den Fliegen
ab, fliegt von Angst getrieben in den Apfelbaum und
von da hoch in die Tanne. Die Fliegen müssen sie arg
peinigen. Wenn sie zurückkommt, muß der »Gift-
pinsel« nochmals her!

Zwanzig Uhr. Ich rufe verzweifelt, aber meine Patientin ist nirgends zu entdecken. Da, hoch über mir grüßt mich Mecki auf dem Weg zu dem uralten Rabenschlafplatz im Stadtpark von Bremen.

»Raab, raab!«, das heißt: »Gute Nacht, Reinhart!« »Lieber, guter Mecki, ich danke dir für diesen Gruß!« Er ist mir Trost in meiner schrecklichen Lage.

Einundzwanzig Uhr. Das Meisenkind begibt sich auf seinem Stromkabel, mit einer halben Stunde Verspätung, zur Nachtruhe. Das macht mir Hoffnung, daß meine Kleine doch noch kommt; es scheint heute ein Verspätungstag zu sein. Eine Viertelstunde später ist meine vom vielen Rufen heisere Stimme kaum noch wiederzuerkennen.

Einundzwanzig Uhr dreißig. Langsam wird es dunkel. Es ist zum Verzweifeln. Einundzwanzig Uhr fünfundvierzig − und ich rufe immer noch ohne jede Hoffnung in die dunkle Stille der Nacht. Da, eine leise verzagte Antwort vor mir unter der alten Eibe. Dort steht eine dünne, ängstliche Kleine ganz verloren im Gras. Als ich die Hand vor ihre Brust halte, steigt sie auf, springt aber gleich wieder verstört ins Gras. Entschlossen, sie jetzt mit reinzunehmen, umschließe ich sie mit meinen Händen.

Im Flur folgt sie mir auf dem Fuß. Wohin ich auch gehe, sie will mich auf keinen Fall mehr verlieren. Jetzt pickt sie wieder nach den Quälgeistern, fliegt aufgeschreckt umher und landet mit angstgeöffnetem Schnabel schnell atmend und mit gesträubtem

Federkleid auf dem langen Tisch. Eben habe ich meine Kleine zum ersten Mal gegen ihren Willen einfach in die Hand genommen. Wenn ich sie nicht bald begraben will, muß ich das jetzt zum zweiten Mal tun. Mit guten Worten ist dem verwirrten Vogel jetzt sicher nicht mehr beizukommen.

Während ich sie mit der linken Hand leicht festhalte, tupfe ich mit dem nassen Pinsel unter ihre Rückenfedern. Dort habe ich die Fliegen gesehen. Sie ist so aufgeregt, daß sie, vor Angst schreiend, sobald sie nur eine harmlose Stubenfliege sieht, wild durch den Flur fliegt, sich irgendwohin setzt, mich ängstlich ansieht und ganz erbärmlich weint. Schließlich kommt sie in meine Hand und beruhigt sich allmählich, als ich ihr verspreche, daß diese kleinen Ungeheuer bald — heute abend noch — vertrieben sein werden. Dabei fühle ich, daß ihre Füßchen vor Angst etwas fiebrig sind.

Sie sieht mich die ganze Zeit über an, flüstert zärtlich und singt mir sogar ein paar kleine Töne vor. Schließlich plustert sie sich auf, putzt sich und fliegt zufrieden auf das Bord über meinem Schreibplatz. Von dort schaut sie mir glücklich und zufrieden beim Aufschreiben unserer Erlebnisse zu.

Um Viertel nach sechs weckt mich Meckis lautes »Raab, raab, raab«. Bevor er ins Zimmer kommt, gehe ich zu meiner kleinen Singdrossel in den Flur. Sie empfängt mich fröhlich und folgt mir in mein Zimmer. Als sie den großen Mecki sieht, bekommt sie buchstäblich »Schiß«. Sie läßt einen leisen Pups und drückt, auf den Füßen wippend, einen kleinen Klecks heraus. Sie ist mit dem Drücken so niedlich und genierlich beschäftigt, daß ich mir das Lachen kaum verkneifen kann. Dabei halte ich ihr die Hand vor die Brust. Aber sie hüpft nicht darauf, offenbar ist ihre Furcht vor Mecki nicht mehr so tief wie früher. Nachdem sie sich den großen Rabenvogel lange genug angesehen hat, fliegt sie ohne Hast in den Garten. Als sich Mecki verabschiedet hat, schlafe ich noch mal ein.

Die ein und aus fliegenden Meisen überhöre ich im Schlaf, der etwas weichere Flügelschlag der Kleinen jedoch weckt mich um halb acht aus meinen Träumen. Sie kommt fröhlich herbeigeflogen, nimmt sich die beiden Rosinen, die Mecki ihr gelassen hat, und fliegt davon. Meine Kleine ist wieder gut gelaunt und fröhlich und läßt sich in kurzen Abständen bei mir blicken, bis mich am frühen Nachmittag Freunde aus Süddeutschland besuchen.

Elisa und Alfred sind mit dem Campingbus gekommen und wollen in Worpswede Urlaub machen.

Bald stehen Campingtisch und Stühle unter dem Apfelbaum, und wir sitzen in gemütlicher Runde bei Kaffee und Kuchen. So angenehm scheint es meine Kleine jedoch nicht zu empfinden, daß ich mich mit Menschen unterhalte und ganz zu vergessen scheine, daß ich doch ein Vogel bin. Sie ruft mich, warnt und flattert aufgeregt über mir von Ast zu Ast, bis sie schimpfend davonfliegt. Wenn Menschen in der Nähe sind — ich brauche gar nicht mit ihnen zu sprechen, es genügt schon, sie nur wahrzunehmen —, zerreißt die Verbindung zwischen dem Vogel und mir sofort.

Eine ähnliche Beziehung habe ich auch schon zu Menschen erlebt, ganz selten allerdings, meistens Kindern. Eine solche Beziehung bewegt sich auf einer Ebene, die unter Menschen im normalen Zusammenleben nicht vorkommt. Sie setzt ein absolutes Vertrauen voraus, durch das sich auch die geheimsten Winkel der Seele öffnen. Das leiseste Mißtrauen, die geringste Unsicherheit zerstört diese Ebene unwiderruflich. Es ist ein ganz seltenes Geschenk, das beim leisesten Zweifel sofort zerbricht. Die große Drosselfrau muß darum »wissen«, so daß meine Kleine ihr erlaubt hat, uns und unserer Verbindung so nahe zu kommen. Daß ich mich jedoch mit Menschen zusammensetze, vor denen sich ein Vogel fürchten muß, ist unverzeihlich.

Gleich nachdem sie schimpfend davongeflogen ist, verlasse ich die Tafel und meine Gäste, um zu retten, was noch zu retten ist. Aber es ist um wenige Augenblicke zu spät. Der kleine Vogel ist nicht mehr zu finden.

Mittlerweile ist es halb neun Uhr abends geworden. Mehr als fünf Stunden warte ich nun schon auf sie, sitze bei den Blumen, schreibe und rufe regelmäßig nach ihr. Endlich höre ich sie aus dem Kirschbaum antworten, gleich darauf landet sie vor mir auf ihrem Tagebuch. Sie sagt zwar nicht viel, läßt sich aber willig auf meiner Hand in den Flur tragen, nimmt zwei Mehlwürmer und drei Rosinen, setzt sich auf die Tabakdose, zieht ein Bein unter ihren Bauch und sieht schweigend zu, wie ich mich zu ihr an den Schreibplatz setze. Es gibt nichts zu sagen. Alles was zählt, ist, daß meine Kleine trotz allem noch einmal zu mir gekommen ist.

Eine Weile schweigen wir uns an, dann sagt sie »Pjüt«, das heißt: »Ich hab dich lieb.« Oft will sie damit sagen: »Ist alles in Ordnung.« Derselbe Laut, aber der Unterschied in der Bedeutung ist wichtig, denn spätestens seit dem Nachmittag ist unser Verhältnis nicht mehr so, wie es einmal war.

Vielleicht ist dies nun wirklich unser letzter gemeinsamer Abend! In ihrem lieben »Pjüt« schwang leises Bedauern mit, als ob sie sagen wollte: »Ich kann doch nichts dafür.« Sechsundvierzig Tage — es kommt mir vor wie ein ganzes Leben — ist es her, seit der kleine Vogel zu mir gekommen ist. Vielleicht bietet sich jetzt auch zum letzten Mal die Gelegenheit, ihr noch etwas von dem Insektenmittel unter die Federn zu tupfen.

Als ich das Glas mit dem Pinsel aus dem Schränkchen nehme, kommt die Kleine vorsichtig näher. Als ob sie ahnt, was ich vorhabe, schüttelt sie sich und bleibt breitbeinig vor mir stehen, bis die unangenehme Prozedur zu Ende ist. Danach setzt sie sich tief und schwer in meine Hand und schläft ein.

Um sechs Uhr gehe ich zur Kleinen, die mich mit einem verträumten »Pjüt« begrüßt. Ich lasse die Tür zu meinem Zimmer offenstehen und lege mich wieder schlafen. Später höre ich im Halbschlaf ihren Gruß, als sie in den Garten fliegt.

Um halb eins kommt sie zu mir ins große Zimmer geflogen und wird sofort richtig dünn und ist ganz gespannt, als sie aus dem Flur Elisas Stimme hört. Ängstlich blickt sie in die Richtung, aus der die ungewohnte Stimme kommt, und als sie Elisa näherkommen sieht, flieht sie aus dem Zimmer ins Freie und fliegt über den Apfelbaum in den Wald.

Gegen fünf Uhr nachmittags ruft mich die Kleine aus dem großen Zimmer. Sie ist sehr ängstlich und folgt mir erst in ihren Flur, als sie sieht, daß außer mir niemand dort ist. Sie ist äußerst unruhig und fliegt bald wieder in den Garten zurück.

Um halb sieben sitze ich mit Elisa und Alfred beim Abendbrot unter der alten Eibe, als mich meine Kleine wieder ruft. Es dauert lange, bis ich sie finde. Sie hat sich in den Blumen versteckt und gibt mir, als ich zu ihr gehe, zu verstehen, daß sie in mein Zimmer möchte, sich aber nicht reinzufliegen traut. Ich klettere durchs Fenster, sie folgt mir in den Flur und ist glücklich, endlich wieder mit mir allein zu sein. Sie kommt wie früher auf meine Hand, flüstert viele Zärtlichkeiten und verabschiedet sich mit lieben

Worten. Dann fliegt sie zum Waldrand, wo ihre Freundin auf sie gewartet hat, blickt noch einmal zu mir zurück und verschwindet mit ihrer Freundin im Gebüsch.

Um zwanzig Uhr dreißig setze ich mich mit dem Tagebuch unter den Apfelbaum, in der Hoffnung, meine Kleine noch einmal zu sehen. Ein Vogel kommt auf mein Gesicht zugeflogen, dreht kurz vor mir ab und landet zu meinen Füßen im Gras. Es ist ein Buchfink. Auf sein »Dschib« antworte ich mit »Dschib, dschib«, und wir unterhalten uns so eine ganze Weile. Was es genau bedeutet, weiß ich nicht, vielleicht heißt es einfach nur: »Guten Abend!« Es kommt in letzter Zeit häufiger vor, daß mir Vögel fast ins Gesicht fliegen oder meinen Kopf im Überfliegen streifen. Es fühlt sich an wie »guten Tag!« oder »komm mit!«

Einundzwanzig Uhr. Ich sitze immer noch unter dem Apfelbaum und rufe in die Dämmerung hinein nach meiner Kleinen.

Zweiundzwanzig Uhr. Im Wald schimpft nur noch der Zaunkönig, sonst ist keine Vogelstimme mehr zu hören. Jetzt wird es rasch dunkel. Die meisten Vögel schlafen schon, und auch meine Kleine wird irgendwo mit ihrer braunen Freundin und den anderen Drosseln im verborgenen sitzen und in das immer tiefer werdende Dunkel hineinträumen.

Es ist eine milde, warme Nacht. Kein Lüftchen regt

sich in dieser friedlichen kleinen Welt. Das also ist die erste Nacht allein für meine Kleine und für mich! Wir sind einander so nahe gewesen. Unser gemeinsames Leben glich einer aufblühenden, im wahrsten Sinn des Wortes wundervollen Blume. So, wie eine Blume verblüht, sind diese schönen Tage unwiederbringlich dahin. Ich tröste mich mit der Erkenntnis, daß aus der Blüte der Samen, zu einem neuen, ebenso glücklichen Leben wachsen wird.

»Schlaf gut, meine ganz, ganz liebe Kleine, schlafe friedlich und träume von einem glücklichen Vogelleben in deiner allererersten Nacht allein in dieser wunderbaren Welt!«

Es ist Mitternacht. Aus der Ferne höre ich ein leises Grummeln. Fahler Schein zuckt in der Tiefe der Nacht. Langsam rollen unsichtbare Wolkenmassen heran, deren wallende Formen, von unheimlichem Leuchten kurz erhellt, sogleich wieder im Dunkel versinken. Irgendwo im Wald sitzt meine Kleine mit ihrer Freundin und horcht in die Nacht. Langsam kommt das Grollen näher. Immer höher türmen sich die Wolkengebirge auf, jagen helle Feuergarben aus dunklen Schluchten und werfen den Donner als vielfaches Echo über das Land.

Um meine Kleine mache ich mir keine Sorgen. Sicher hat sie das drohende Unwetter schon am Nachmittag gespürt und sich mit der erfahrenen Drosselfrau rechtzeitig ein sicheres Plätzchen für die Nacht ausgesucht.

Ein warmer Windhauch weht die Auffahrt hoch, streicht raschelnd durch den Wald und kommt wieder zur Ruhe. Und dann geht es los! Heulend fährt ein wilder Sturm in den Wald. Krachend flammen Blitze in die alten Bäume, und der Himmel öffnet seine Schleusen zu einem sintflutartigen Wolkenbruch. Nun bekomme ich doch Angst um meine Kleine und rufe ihren Namen, den mir der Sturm in Fetzen von den Lippen reißt. Durchnäßt und fröstelnd gehe ich in den Flur zurück und lasse die Haustür weit geöffnet, damit sich die Kleine jederzeit bei mir in Sicherheit bringen kann.

Ein Uhr. Das Gewitter ist vorüber. Meine Kleine ist nicht mehr gekommen, aber das Meisenkind schläft friedlich über meinem Bett.

Im Morgengrauen wache ich aus unruhigen Träumen auf. Wenn ich nur wüßte, wie es meinem Vogelkind in dieser Nacht ergangen ist! Mir bleibt nichts übrig, als zu warten, bis es vielleicht doch noch einmal wiederkommt.

Um zwölf Uhr, als ich schon kaum noch mit ihr rechne, spaziert sie ganz ängstlich zu Fuß in den Flur. Als sie sieht, daß Andrea ebenfalls da ist, kehrt sie gleich wieder um.

»Komm doch rein, meine Kleine!«

Sie kommt tatsächlich; »pwack, pwack, pwack« sagt sie bei jedem Schritt.

Als Andrea den Flur verläßt, fliegt sie auf meine Hand, setzt sich nieder, sieht mir in die Augen und beginnt das wohl geheimnisvollste Gespräch, das ich bisher erlebt habe. Sie spricht mit den Augen und ihrer Stimme über Dinge, die ich nicht sogleich vollständig begreifen kann. Sie spricht von unserem gemeinsamen Leben, das, eingebettet in die vergangene Zeit, für immer weiterleben wird. Unantastbar, nur uns zugänglich, bildet es einen gemeinsamen Grund, auf dem unser beider Leben künftig aufbauen wird. Unsere Wege werden sich trennen und doch durch dieses starke Band auf ewig verbunden sein. Unsere gemeinsame Zeit ist nun Teil der Schöpfung und der Geschichte dieser Erde geworden. In diesem Sinn verstehe ich ihre Worte.

Und zum Schluß sagt sie: »Bald werden sich unsere Wege für immer trennen, aber ich wünsche mir so sehr, daß du, solange ich noch in deiner Nähe bin, am Abend zu meinem Schlafplatz kommst. Wenn du vor Sonnenuntergang zu dem großen Stein in den Blumen gehst, werde ich dir zeigen, wo du mich am Abend finden wirst!«

Eine Weile schauen wir uns noch an, dann fliegt sie auf das Vogelhaus, sieht noch einmal zu mir zurück und fliegt dann endgültig davon. Es ist ein wunderschöner Tag nach dem heftigen Gewitter am Vortag, warm und sonnig, mit einem leichten Wind, eine gute Aufbruchstimmung! Jetzt fühle ich mich frei für ein neues Leben, das durch die Begegnung mit diesem kleinen Vogel reich, unermeßlich reich geworden ist.

Schon am frühen Abend setze ich mich voller Erwartung nahe dem großen Stein ins Gras. Lange warte ich auf meine Kleine, dann höre ich ein leises »Pjüt«. Sie ist tatsächlich zu ihrem Stein gekommen, sieht mich an und fliegt mit einem »Sit!« — das heißt: »Komm!« — in den Holunderbeerbaum vor der Haustür und, als ich ihr folge, weiter in die Stechpalme am Haus. Ihre fünf Stämme wachsen, von üppigem, dichtem Laub umgeben, weit über das Hausdach hinaus. Die dunkelgrünen stachelbewehrten Blätter bieten vom Boden an aufwärts sicheren Schutz vor Regen, Wind und den Augen vieler Feinde. Es ist noch recht hell, aber im Halbdunkel

des Ast- und Blättergewirrs kann ich keinen Vogel entdecken. Ich habe doch genau gesehen, wo sie hingeflogen ist, aber sie ist einfach nirgends auszumachen.

»Wo bist du denn nur, meine Kleine?«

»Zi!« — »Hier!«

»Ja, wo denn, ich sehe dich nicht!«

Sie sagt nichts mehr, läßt mich weitersuchen. Ihre Stimme ist ganz nah gewesen, sie muß direkt vor mir sein! Ich sehe eine Bewegung. Am Rand eines der Blätter haben sich eben zwei Stacheln auseinanderbewegt, und jetzt... schließen sie sich wieder. Merkwürdig, die Stacheln haben sich eben zu einem — nein, das ist doch ein Vogelschnabel! Und nun sehe ich die Kleine zum Greifen nahe! Eingebettet in die dunkelgrünen Stachelblätter, ist sie kaum zu erkennen und muß ... noch einmal gähnen.

Wenn ein Vogel gähnt, heißt das soviel wie: »Ich möchte jetzt nicht gestört werden!« Also lasse ich mich auf der obersten Stufe der Steintreppe nieder, die vom Weg zum Haus heraufführt, und verhalte mich ganz still. Das also ist der heimliche Schlafplatz meiner Kleinen!

Aus dem nahen Waldrand höre ich leises Rascheln. Dort steht die große braune Drossel im milden Abendsonnenlicht und sieht zu uns herüber.

Jetzt fliegt sie flach über dem Boden auf den Feldweg zu, steigt in einem weiten Bogen hoch, segelt leicht schwankend auf mich zu, an meinem Gesicht vorbei und landet neben dem Schlafbaum meiner Kleinen. Nachdem sie mich noch einmal eingehend gemustert hat, fliegt sie zu ihrer Freundin hoch und setzt sich neben sie. Es raschelt wieder, dieses Mal im Laub unter dem Baum. Eine schwarze Amsel mit gelbem Schnabel sucht sich weiter unten ein Plätzchen für die Nacht.

Schimpfend fliegen mehrere Drosseln durch den Wald und kommen dann, ohne einen Laut, ebenfalls in den Schlafbaum geflogen. Sechs oder sieben Vögel müssen es inzwischen sein, die sich hier für die Nacht versammelt haben. Jetzt beginnen sie sich leise zu unterhalten. Natürlich geht es dabei auch um mich, und ich meine herauszuhören, daß ich in der Nähe dieser kleinen Vogelversammlung kein unliebsamer Gast bin. Sie laden mich mit ihren zutraulichen Lauten sogar dazu ein, bei ihnen zu bleiben. Als ich mich leise bedanke, geht es wie ein zustimmendes Flüstern durch den Baum, und meine Kleine antwortet mit einem glücklichen »Pjüt«.

Es ist ein warmer Sommertag. Ich sitze in der Nähe des großen Steins und hoffe, daß mein Vogelkind mich besuchen kommt. Nicht weit von hier wartet die Beek, ein verwunschenes Moorgewässer, darauf, daß ich endlich wieder zum Baden vorbeischaue. Meine Sehnsucht nach dem Moor ist groß, aber ich möchte keine Gelegenheit versäumen, meiner Kleinen zu begegnen, solange sie in meiner Nähe ist.

Etwa um zwölf Uhr kommt sie endlich zu mir ins Gras geflogen, spricht viel mit mir, will sich aber nicht mehr auf meine Hand setzen. Unsere Beziehung hat sich verändert. Aus der Bindung mit ihrer Sehnsucht und ihren tiefen Gefühlen ist eine liebevolle Vertrautheit geworden. Immer wieder treffen wir uns im Garten, oft an dem großen Stein. Abends, wenn die Sonne tief steht, bin ich als erster am Schlafbaum und erlebe die Zutraulichkeit der vielen Vögel, die nach und nach zum Nachtpalaver und zum Schlafen herbeifliegen. Jeden Abend lausche ich den Gesprächen der vertrauten Vögel und wünsche ihnen eine gute Nacht.

Es ist heute der fünfte Tag, seit die Kleine draußen bleibt, und ich kann mich lange nicht trennen. Der Abschied fällt mir an diesem Abend besonders schwer.

Es ist drückend heiß und schwül. Alle Drosseln und Amseln und auch meine Kleine haben den Garten verlassen. Ich habe das Gefühl, sie sind hinausgeflogen in die weite Welt. Meine Kleine hat ihre Ankündigung, mich ganz zu verlassen, wirklich wahr gemacht. Nun bin ich ganz allein, aber nicht einsam. Und vielleicht sitzen eines Tages, wenn es keine Erinnerung mehr an den Menschen gibt, irgendwo in einer verlassenen Stadt die Drosseln am Abend beisammen und erzählen sich von der sagenhaften Liebe zwischen einem Vogel- und einem Menschenkind.

NACHWORT

Dieses Buch hat neben anderem die Sprache eines Vogels und seine Kommunikation mit einem Menschen zum Inhalt. Es soll jedoch nicht einen Leitfaden für die oder eine Vogelsprache bieten. Vielmehr geht es darum, Einblick in das Wesen eines Vogels zu gewinnen und die mögliche Nähe zwischen Vogel und Mensch mitzuerleben. Das Ausmaß der Trennung von Mensch und Schöpfung wird durch dieses Beispiel erkennbar, nur zu ahnen ist die Größe des Verlustes.

Der fehlende Zugang zum Wesen der Schöpfung wirft seine Schatten auch auf die zwischenmenschlichen Beziehungen, auf das Vermögen, Fremdem zu begegnen. Die außer Kontrolle geratene, sich ständig steigernde Macht des Menschen über die Erde konnte wohl nur deshalb zur tödlichen Gefahr für alles Leben werden, weil das Bewußtsein, daß der Mensch Mitgeschöpf und Teil des lebenden Organismus Erde ist, verlorenging. Der Glaube, alles sei gut, was dem Menschen diene, ist sicher ein fataler Irrglaube, denn nur was der Schöpfung dient, kann auch gut für den Menschen sein. Viele Menschen würden es wahrscheinlich nicht einmal merken, wenn die letzte Vogelstimme verstummte, ist doch ihr Gehör ausschließlich auf das Piepsen von Computern geeicht.

Seit der verhängnisvollen Aussage »Macht euch die Erde untertan...« wird an der Kluft gegraben, die zwischen dem Menschen und der Schöpfung gähnt, dem Abgrund, der alles Leben in die Tiefe zu reißen droht. Senator Al Gore benutzt in seinem Buch »Wege zum Gleichgewicht« das Bild des Schwarzen Loches, in dem alles Erdenleben zu versinken droht. Angesichts des sich ankündigenden letzten Holocausts versucht er das Ruder herumzureißen und das Raumschiff Erde auf einen Kurs zu steuern, der wieder Hoffnung für das Überleben unseres Planeten bringt. Es ist für einen neuen Kurs allerdings auch von entscheidender Bedeutung, daß die Ehrfurcht vor und die Liebe zur Schöpfung wieder Eingang in das Bewußtsein der Menschen finden.

Für mich als Maler waren Landschaft und Natur lange Zeit eher Dekoration und Spiegel menschlicher Gefühle als das Zuhause vielfältiger liebender, trauernder, glücklicher oder leidender Lebewesen. Das Begreifen, daß es jedoch zuwenig ist, die Natur zu lieben, weil sich mein Gemüt an ihrer Schönheit erfreut, verdanke ich der Begegnung mit Mecki, der Nebelkrähe, der kleinen Singdrossel und inzwischen noch vielen anderen Vögeln. Sie öffneten mir eine Welt, in der wesentliches dem Menschen weitgehend

Verlorenes noch lebendig ist. Von den Vögeln konnte ich lernen, was bedingungslose Liebe, Treue, Ehrfurcht und soziales Verhalten wirklich sind.

Darüber hinaus machte ich die erstaunliche Entdeckung, daß besonders Rabenvögel in der Regel fähig sind, etwas zu leisten, was mir bei Menschen nur sehr selten begegnet ist: die andere, ganz fremde Art, in diesem Falle den Menschen, vorurteilslos als ein mit einer Seele ausgestattetes, der Liebe wertes Geschöpf zu verstehen und zu behandeln.

Und Nietzsche weinte
Roman
375 Seiten
btb 72011

btb
Irvin D. Yalom
Und Nietzsche
weinte
Roman

Aus Freude am Lesen

Irvin D. Yalom

Das Wien des Fin de siècle: Josef Breuer, der angesehene Arzt und Mentor Sigmund Freuds, soll den unter betäubenden Kopfschmerzen leidenden Philosophen Friedrich Nietzsche heilen. So beginnt die außergewöhnliche Beziehung zwischen dem ruhigen, einfühlsamen Therapeuten Breuer und dem verschlossenen, verletzlichen Denker Nietzsche.

———————— ❦ ————————

Seelensprung
Ein Leben
in zwei Welten
220 Seiten
btb 72006

btb
Susanna
Kaysen
Seelensprung
Ein Leben
in zwei
Welten

Aus Freude am Lesen

Susanna Kaysen

»Seelensprung« beruht auf Susanna Kaysens eigenen Erfahrungen in einer berühmten psychiatrischen Anstalt. Sie beschreibt darin ihr Leben als entmündigte Patientin, das einem Balanceakt zwischen Realität und Alptraum gleicht.

btb

Aus Freude am Lesen

Shulamit Lapid

lebt in ihrer Geburtsstadt Tel Aviv. Sie schreibt Romane, Kurzgeschichten, Theaterstücke und Kinderbücher und war zeitweise Präsidentin des israelischen Schriftstellerverbandes. Neben Batya Gur ist sie Israels bekannteste Kriminalautorin und wurde 1996 für »Lokalausgabe« mit dem Deutschen Krimipreis ausgezeichnet.

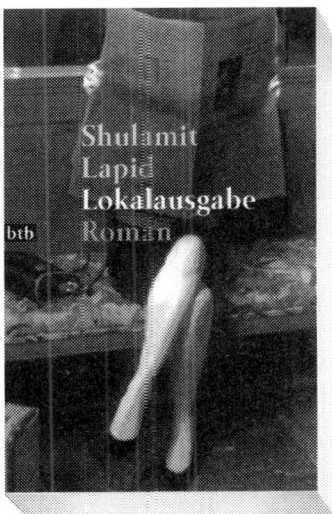

Roman
312 Seiten
btb 72036

Eigentlich sollte die Lokalreporterin Lisi Badichi nur über die Party eines angesehenen Richters berichten. Doch als dessen Gattin tot im Swimmingpool aufgefunden wird, beginnt sie in Sachen Mord zu recherchieren. Und begibt sich damit selbst in größte Gefahr. »Shulamit Lapid hat in ihrem spannenden Krimi eine wunderbare Frauenfigur geschaffen: Lisi Badichi.«
Brigitte